90歳までに使い切る

お金の賢い減らし方

大江英樹

光文社新書

はじめに

まずは本書を手に取っていただいたみなさん、そして本書を買ってくださったみなさん、誠にありがとうございます。

本書のテーマは「お金」です。

およそ世の中には、お金に関する本が山のように出ていますが、基本、種類は２つしかありません。１つは「お金の増やし方」に関する本です。これはじつにいろいろなタイプの本がさまざまな著者によって出版されています。世の中に出ているお金の本は、そのほとんどがこのタイプ（お金の増やし方）の本といっていいでしょう。

そしてもう1つ、こちらは、数は非常に少ないですが「アンチお金主義」ともいうべきタイプの本です。昔ベストセラーになった『清貧の思想』という本などはまさにこのタイプでしょう。人類の歴史において過去、何度もバブルが繰り返されてきましたが、バブルが終《しゅう》焉《えん》を迎えると、いつもこのタイプの本が出てきます。これらはいわば「お金至上主義」に対するアンチテーゼや反省としてしばしば登場してくるものです。

でも本書は、そのいずれでもありません。

じつは「お金至上主義」も「アンチお金主義」も、その根っこは同じなのです。それは「お金の呪縛《じゅばく》に陥《おちい》っている」ということです。

お金の増やし方をひたすら追い求める人はもちろんのこと、「お金がすべてじゃない！」と強く主張する人も、結局はお金の呪縛に陥っている点は同じです。お金を眺めている方角が異なるだけです。お金に縛られているから、「もっと増やしたい」とか、反対に「お金より大切なものがある」と叫ぶのです。

この本は、そんな「お金の呪縛を解くこと」を目的にしています。「たかがお金」なのです。お金を中心にものごとを考えるから、お金の呪縛に陥ってしまうのです。

大事なのはお金ではなく、「モノ」や「サービス」であり、それを提供してくれる「人間」です。世の中の問題はお金が解決するのではなく人が解決するのです。「お金」はそうしたモノやサービスを手に入れるための道具にすぎませんし、問題を解決してくれた人に対する〝感謝のしるし〟として存在しているのです。

そう考えると、お金に対する見方が根本から変わってきます。お金は使ってこそ価値のあるものです。

本書では「人はなぜお金が好きなのか」「お金ってじつは単なる記号にすぎない」、そして「お金は増やすよりも使う方が楽しい」といった話が次々と登場してきます。

まずは第1章、お金に対して人々が持っている勘違いを紐解くところから始めていきましょう。

90歳までに使い切る　お金の賢い減らし方

目次

本文図版作成・キンダイ
目次・章扉デザイン・熊谷智子

第1章

ホンネ、タテマエ、そして勘違い

——日本人のお金観と歪んだ認識を考える

（1）マネー本が流行る裏に見えるもの

『地味本』と『派手本』

「はじめに」の冒頭で触れましたが、いま世の中には、いわゆる「マネー本」の類《たぐ》いがあふれています。書店をのぞいてみると、マネー本のコーナーはかなり広いスペースを占めています。それも都心にある巨大書店だけではなく、私が住む私鉄沿線の駅前にある小さな書店ですら、それなりのスペースをマネー本コーナーに割《さ》いています。

それだけ広いスペースがあるということは、きっとよく売れるからなのでしょう。しかも「長期の構えでゆっくりと資産形成をやっていこう」という、ごく当たり前でまともな本は、どちらかといえば少数派です。「仮想通貨であっという間に1億円達成！」とか「トレーディングに成功して3カ月でお金を倍増する方法！」みたいな本がその大半なのです。

なぜ、そうなっているのかというと、前者のように「地味なタイプの本」はあまり売れず、短期間で勝負してお金を儲けるといった「派手な類いの本」の方が圧倒的によく売れるからだそうです。

簡単に書くために、便宜上、前者を『地味本』、後者を『派手本』と名付けておきます。

ここでは、そのどちらがよいか悪いかについてはひとまず横に置いておき、まず、どうして『派手本』の方がよく売れるのかを考えてみましょう。

西銀座チャンスセンター一番窓口

その理由は2つあります。

1つは、「わかりやすいから」です。

『地味本』は、どちらかといえば資産形成の考え方や基本観に記述の重点が置かれており、理屈っぽいのに対して、『派手本』の方は、実際に起こったことや体験に基づいたことが書いてあるので具体的なのです。いわばエピソードが満載で、「自分はこうやって儲けた」とか「仮想通貨の爆上げで儲かった私」みたいなことが書いてありますから、難しいことは何もありません。

これはたとえていえば、「西銀座チャンスセンター一番窓口で宝くじを買ったら3億円当たった！」というような話です。

この話はよく出てきますが、いうまでもなく、『一番窓口』に何か霊力があるわけではありません。当たりくじが多いのは、単にその販売窓口での販売数が多いからというだけにすぎません。ところが多くの人は、そうやって確率を冷静に考えるなどということはせず、「〝当たり〟がたくさん出た！」というエピソードに心をときめかせて並んでしまいます。

実際に、他の窓口に比べて、『一番窓口』に並んでいる人はケタ外れに多いようです。これは行動経済学で「利用可能性ヒューリスティック」と呼ばれる現象で、自分の身近で起こったことや自分が見聞きしたことは、現実に「それが起こりやすい」と思ってしまう、というバイアスに陥ってしまうことをいいます。

同じように、仮想通貨やＦＸで短期間に大儲けしたというエピソードが載っていれば、「自分にもそういうことが起きるかもしれない、あるいは自分にもできるかもしれない」ということを夢想するのは当然でしょう。

人間の心理は本質的に〝損失回避的〟

２つ目の理由は、「手っ取り早いから」です。

貯蓄もそうですが、投資、すなわち株式や投資信託、不動産といった資産に投資をして収益を上げていくためには、ある程度時間が必要です。なぜなら、投資で得る利益の本質というのは、自分がお金を投じる先の価値が向上することだからです。

もう少しわかりやすくいえば、その会社が成長したり、規模が拡大したりすることで利益が生み出され、それを享受するのが「投資」だからです。

ところが、投資で長い時間をかける間には、さまざまなことが起こります。

たとえば、新型コロナウイルスの感染拡大、ロシア軍によるウクライナへの侵攻、といったネガティブな印象の出来事があると、株価はしばしば大きく下落します。

２００２年に行動経済学でノーベル経済学賞を受賞したダニエル・カーネマン教授の「プロスペクト理論」によれば、人間は本質的に「損失回避的」だとされています。だからどうしても、「長い期間にわたってリスクと付き合うことはしたくない」という気持ちから、短期的な成果を求める方向へ向かいがちになるのです。

最初は「10年、20年とじっくり時間をかけて投資でお金を育てていくのだ」と決意しても、その1カ月後に平均株価が3割も下がったとしたらどうでしょう。心は揺れ動くに違いありません。その結果、放り投げてしまったり、投資をやめてしまったりする人がたくさんいます。私は今までそういう人を数限りなく見てきました。

『地味本』を読むと、「そういうことをしてはいけない」、あるいは「そうならないようにするためにはどうすればいいか」ということが丁寧に書いてあるのですが、残念ながらそれらはいずれも当たり前すぎて地味な内容なので、読んでもあまり面白くありません。

ところが、『派手本』に書いてあることは、手っ取り早くて誰にでもすぐにできそうなのです。なにしろ儲かった人の実例が書いてあり、小難しいことは何も書いていないからです。結果として「早く儲けよう」「こうすれば儲かった人がいるのだから」という理由で、「西銀座チャンスセンター一番窓口」の行列に並ぶようなことになります。

本当はどちらもあまり役に立たない

自分で本を書いておきながら、これをいってしまうと身も蓋《ふた》もないのですが、実際には本を読んだだけでお金儲けなんかできるわけはありません。これは『地味本』も『派手本』も同じです。

それでもまだ、『地味本』の方が少しはマシです。なぜなら、『地味本』に書かれている主な内容は、資産運用に関する原理原則だからです。具体的にいえば、考え方や解釈の仕方、そして情報の読み方、といったことが多く書かれています。どの本にも共通するのは「こうすれば絶対うまくいく」という記述はあまりなく、考えるヒントは提示されているものの、「最後は自分の頭で考えてください」ということです。

でもこれは資産形成においてだけのことではなく、仕事や生活において判断を下す場合にも、「自分で考える」というのは鉄則です。自分で考えて結論を下し、時には失敗して学びながら、やがて成功していくことになる。これは資産運用や投資の世界でもまったく同じです。

だから、単に本を読んだだけではあまり意味はなく、自分で実践してみないと意味がありません。

『派手本』の場合はさらに無意味です。なぜなら、そこに書かれていることは単なるエピソードであり、確かなエビデンスに基づくものではないからです。

たしかに、「仮想通貨で大儲けした」というのは、それを書いた人が実際に体験したことであることは間違いないでしょうが、それはたまたまラッキーだっただけで、誰にでも起こり得る、すなわち再現性のあるものではありません。したがって、いくらそんな本を読んでも、成功するかどうかについての保証はまったくありません。

「節約・裏ワザ本」も世の中にあふれている

また『地味本』でも『派手本』でもない第3のジャンルの「マネー本」として、節約本やお金に関する裏ワザ、そして節税術といったものがあります。こちらもよく売れているようです。

これらの類いの本が売れる理由は、シンプルで具体的だからです。実際にはそんな節約や裏ワザは、お金に関する本質的なことではないのですが、いかにも「こういうことをすればお金が貯まる」といった雰囲気を醸《かも》し出しており、具体的な行動が可視化されているため、やはり多くの読者を引きつけるのです。

「ズボラでも貯まる」とか、「簡単な習慣で無駄遣いをなくす」というフレーズは、多くの人の気持ちに強く訴えかけてきます。これも、人間の心理として「面倒なことが嫌い」という人が多いからです。

世の多くのファイナンシャル・プランナーと呼ばれる人たちが、こうした節約指南や裏ワザ的な節税テクニックをこれでもかとばかりに書くのも、それが多くの人に読まれるからです。いうまでもなく出版社も商売ですから、売れる本や記事でないと扱いたくないのは当然です。ですから『派手本』同様、こんなタイプの「節約・裏ワザ本」が多くなりがちなのです。

しかしながら、こうした節約や裏ワザというのは、実効性という点ではあまり役に立ちません。たしかにやらないよりは、やった方がよいかもしれませんが、多くの場合、「こんなにも頑張った私！」といった気休めであったり、「誰も知らない裏ワザを使ってやったぜ！」という満足感といった精神的な効果があったりするだけで、金額にすればたいしたことない場合が多いのです。

さて、こうして考えてみますと、本当に多くの人が、たくさんのお金を払ってこれらの本を読んでいる、そして読みたがるというのがよく見えてきます。これはやはり「お金を増やしたい」「それも手っ取り早くお金儲けをしたい」という気持ちが強いからでしょう。

ところが多くの人はあまり意識していませんが、この気持ちには少し屈折したものがあるのです。

（2）それにつけてもカネの欲しさよ

お金に関するホンネとタテマエ

前節の最後に出てきた〝お金に対する屈折した心理〟というのは、いったいどういうことなのでしょうか。

つまるところ、誰もが「お金は大好き」なのです。そしてこれは誰にとっても「ホンネ」です。お金の嫌いな人はまず、いません。だからこそ「お金を増やす方法」の本は売れます。

でも、誰もが「お金が大好き」ということを声高に叫ぶでしょうか？　もちろんそういう人もいますが、多くの人は「お金が大好き」と叫ぶ人を冷ややかに眺めているというパターンが多いように思います。

「たしかにお金は大事だけど、世の中にはお金じゃ買えないものもある」とか、「お金よりも大事なものがある」という人が多いのです。

でも、それは間違いではありませんが、いわば「タテマエ」なんですね。

私たちは大人になるにつれて、何事につけても「ホンネ」と「タテマエ」を使い分けるようになります。その最たるものがお金に対する感情です。お金は大好きだけれど、それを公言するのはちょっと、はしたないという微妙な感情。それが〝お金に対する屈折した心理〟になっていくのです。

お金について考えることへの忌避感

そして一方では、大好きであるにもかかわらず、お金に関する議論を積極的に行なうということはあまりしません。

たとえば、会社の仲間同士でお金に関する話をするのは、どことなく抵抗感を感じるようで、「そんなもの考えるのは余裕のある人だよね。僕らはそんなことを考えるほどお金を持ってないよ」といった具合に茶化したり、はぐらかしたりするケースがほとんどです。

私はまじめにコツコツと積立投資をしながら資産形成をしている普通のサラリーマン投資家をたくさん知っていますが、彼らの多くは、自分が勤める会社の中や、自分の身の周りで投資の話をするのは憚《はばか》られるといいます。「あいつ、株をやっているらしいぞ」という噂が立つのを恐れているようなのです。

家庭でも、親子でお金のことについて話し合うというケースはほとんどないと思います。もちろん、中にはそういう話をきちんとするという人もいるでしょうが、私のように半世紀以上もお金にまつわる仕事をしてきた人間ですら、自分の両親や子どもたちとお金について話し合ったことはまず記憶にありません。

そしてこれは学校でも同じです。

金融教育というのは、言葉としてはあっても、それが学校で熱心に行なわれることはありませんでした。じつは、文部科学省が定める教育課程の基準である「学習指導要領」の中には、「金融経済教育」という項目が定められているのですが、これまでのところ、教育現場において金融・教育が熱心に行なわれているという話は、あまり聞いたことがありません。

そもそも、教える側の先生自身が、あまり金融経済に詳しくないということもあるでしょう。さらにいえば、「そんなことを学校で教えることが必要なのか？」という懐疑の念を持つ先生方も多いようです。

２０２２年8月、岸田政権が打ち出した「資産所得倍増プラン」の実施に向けて、「金融教育を国家戦略に」という方向が発表されました。実際に２０２４年にも官民一体となった新たな推進機構を立ち上げ、個人の資産形成を中立的に助言する専門資格を新設するとされています。これがうまく機能するかどうかの是非はまた別の機会に述べるとして、そんな専門の機関をあらためて作る必要があるということ自体、これまであまりお金について学ぶ機会がなかったということを表しています。

私自身、全国の中学校や高等学校の先生方、約五千人に、毎月メールマガジンを送ったり、時には出かけていって金融・経済に関する講演をしたりすることもあります。そんな時に、参加された先生方からは「今まであまりこんな話を聞いたことがなかった」とか「お金の話は今までにしたことがなかった」という声をたくさん聞きます。

ことほど左様にお金に関する議論への忌避感《きひかん》は強いのです。どうしてみんなお金のことが大好きなのに、それについて話し合うのを嫌うのでしょう。

お金はきれいなもの？　汚いもの？

私が尊敬する先輩に、全国の中学校や高等学校を回って金銭教育をしている方がいます。

以前、その方から聞いたお話なのですが、中高生に「君たち、お金はきれいなものだと思う？　それとも汚いものだと思う？」という質問をすると、約8割の子どもたちが「お金は汚いものだ」と答えるそうです。

それを聞いて私は少し驚いたのですが、よく考えてみるとこれは不思議な現象です。なぜなら彼らは中高生ですから、ごく一部の子を除けば、自分でお金を稼ぐことはしていないでしょう。もちろん家が貧しくてお金に苦労しているという子はいると思います。私も小さい頃はそうでした。ですから、親がお金に苦労しているのを見てきた子はいると思いますが、だからといって、お金にまつわる醜悪な人間模様を見てきたという子はそんなに多くはないはずです。

にもかかわらず、なぜ彼らは「お金は汚いもの」と考えるのでしょう。

私は、この原因は親の影響ではないかと思っています。

作家の三田紀房《のりふさ》氏が書いた『インベスターZ』（講談社）という漫画があります。私はこの本は、お金や投資の本質を描いた優れた作品だと思っているのですが、この作品の第11話に印象的なセリフが出てきます。

それは高校生の主人公のお父さんの「金は汚いものだからだ」というセリフです。そこで主人公が、「どうして……」と聞くと、「どうしてって……それは　そういうものだからだ」と答えます。これは答えになっていませんね（笑）。

さらに追い打ちをかけるように、「子供が金のことなんか考えるんじゃない」と言います。でもおそらく、このお父さんも、自分の親にそう教えられたのかもしれません。みなさんの中にも、親から「子どもは金のことなんか考えなくていい」と言われた人はいるのではないでしょうか。

なぜお金は汚いものと考えるのか？

では、もう少し深く考えてみましょう。なぜ人々は、そして親は、お金を汚いものだと考えるのでしょう。

これには２つの理由があると思います。

まず１つ目は、「お金は大好きだけど、なかなか手に入らないものだから」です。

現代は、働いている人の約９割は会社員や公務員などの給与所得者です。これらの職業の人は決まった給料で働いていますから、収入が急激に増えるということはあまりありません。だから、たくさんお金を持っている人については、「何か甘い汁を吸っているのではないか」、あるいはもっと極端に考え、「ひょっとして何か悪いことをしているのではないか」という疑念が心の片隅から拭《ぬぐ》いきれません。

かつて投資家の村上世彰《むらかみよしあき》氏が「お金儲けをして何が悪いんですか」と発言したことで、世間から叩かれたことがありました。当時、村上氏はニッポン放送株式のインサイダー取引で起訴され、最高裁で有罪が確定しました。司法が有罪と判断したわけですから、彼が罪を犯したことは事実でしょう。

しかし、だからといって彼の言うことがすべて間違っているというわけではありません。彼の主張はじっくり聞けば、極めて真っ当なものが多いと私は思います。

でも、「お金儲けをして何が悪い」と言えば、やはり嫌われるのです。

だから「お金儲けは黙ってこっそりとやるものだ」という空気が世の中に満ちているのです。表面的には「やっぱりお金は汚いよね」とか「まじめに働かないとダメだよね」と言いながら、じつはお金儲けには強い関心を持っているという人は少なくありません。でなければ、前節でお話ししたようなマネー本がそんなに売れるわけがないのです。

2つ目の理由は、「お金の本質について間違った理解をしている」ということです。でもこれほど多くの人が、人生においてお金に深く関わり、時にはお金で苦労していながら、お金に関して正しい理解をしていないということであれば、これは大きな問題です。

じつはこれこそが、この本の大きな主題なので、これは追々お話をしていこうと思います。

俺、不幸になりたい！

お金には、常にホンネとタテマエがあるというのはどうやら間違いなさそうです。

「金欲し付合《つけあい》」という言葉の遊びが江戸時代からありました。

これはたとえば、「柿くへば　鐘が鳴るなり　法隆寺　それにつけてもカネの欲しさよ」とか、「菜の花や　月は東に　日は西に　それにつけてもカネの欲しさよ」といった具合に、有名な俳句の後に「それにつけてもカネの欲しさよ」という下の句を付けるものです。

つまり、どんな上の句でも下の句にそれを付けることで、可笑《おか》しさを醸し出すという言葉の遊びなのです。

これは見事にお金にまつわるタテマエとホンネを表しているといっていいでしょう。さらにいえば、お金に対する憧れとあきらめの気持ちが微妙にブレンドされているという味わいがあります。

以前、友人同士で「宝くじに当たった人は、その後、不幸になる人が多い」という話題で話をしていた時、最後に友人の１人がボソッと「俺、不幸になりたい」と言って、一同大笑いしたことがありました。

このように、お金についてはホンネとタテマエがあり、誰もがそれについては少し屈折した心理を持っているのです。そしてその屈折した心理の底流に流れているのが、次にお話しする「嫉妬《しっと》の論理」ではないかという気がします。

（３）となりに蔵が建ちゃ、わしゃ腹が立つ

嫉妬の論理

前節でお話ししたお金に対する屈折した心理をたどっていくと、どうも底流に流れているのは「**嫉妬の論理**」ではないかと私は思っています。

「日本人は」とか「アメリカ人は」とかいうレッテルを貼るのはあまり好きではないのですが、お金に対する人々の気持ちや行動を考えると、やはり日本人には独特の「嫉妬の論理」が働いているのではないかと思われるふしがあるからです。

昔から日本には、「となりに蔵が建ちゃ、わしゃ腹が立つ」という言葉があるように、他人の成功をうらやんだり、妬《ねた》んだりする傾向があるのは事実でしょう。そしてその嫉妬の論理が、どうやらお金に対する歪《ゆが》んだ見方や考え方につながっているような気がしてなりません。

前述したように、働く日本人の約9割は給与所得者ですから、成績によって多少の差はつくものの、極端な格差は生まれません。役員にでもなれば違ってくるでしょうが、そうなれる確率は極めて少ないものです。したがって普通に勤め人をやっているだけでは、それほど極端な差は付かないといっていいでしょう。

うまくやりやがって！

となると、勤め人でお金持ちになるのは、親から莫大な遺産を相続するか、自分で投資をすることで資産形成を果たすか、多くの場合そのどちらかになります。特に、前者のような恵まれた人はそれほど多くありませんから、やはり投資か、あるいは副業で収益を上げることで大きな資産を作ることになるはずです。

仕事で差が付くのであれば、ある程度あきらめがつくかもしれません。もちろん人事評価にだって不満や妬みは付きものですが、これは人が決めることなのでどうしようもありませんし、仲間と一杯飲みながらぼやいていれば気分も晴れてきます。

ところが投資で儲かったとか、副業で利益を上げたという話を聞くと、そういう人に対しては、「うまくやりやがって！」とか、「仕事をまじめにせずに他で儲けるのはけしからん」

と言う人が必ず出てくるのです。

これについてはあとで詳しく述べますが、投資や副業は決して楽をして儲けているわけではありません。でもそれらをやったことがなければ、そう思ってしまうのも仕方ないといえるでしょう。

ウルトラマンとバットマン——正義のヒーローは清貧か、富豪か

どうも日本人は、お金持ちに対してあまり素直な気持ちにはなれないという傾向が強いようです。アメリカであれば、お金持ちは尊敬されますが、日本人の場合、お金持ちは妬まれることが多いのです。もっといえば「何か悪いことをしているのだろう」と勘ぐられることだってあります。

ここで日米のヒーローを比べてみると、面白い違いがあります。

たとえば、日本のヒーローである秘密戦隊ゴレンジャーを見てみましょう。ゴレンジャーは、国連が人類を守るために設立した国際秘密防衛機構「イーグル」の日本地区に所属する精鋭部隊です。

さらに、テレビの時代劇でおなじみのヒーロー・大岡越前は、いうまでもなく江戸の名奉

行ですね。

つまり、どちらも悪と戦ったり正義を守ったりしていますが、身分は公務員なのです。ウルトラマンだって、科学特捜隊のハヤタ隊員が合体したものですから、いわば業務委託を受けた公務員です。

一方、欧米ではどうかというと、バットマンはゴッサムシティ（架空の町）にあるウェイン産業というコングロマリットのオーナーで大富豪です。

イギリスの人形劇のサンダーバードも、隊長のジェフ・トレーシーは宇宙ロケットのパイロットを退任したあとに、発明特許で巨万の富を得ています。そのお金で作った秘密組織「国際救助隊」がサンダーバードなのです。

つまりどちらも大富豪で、慈善事業として悪と戦っているのです。

正義のヒーローが清貧か富豪かというのは大きな違いです。

報酬の差はこんなに大きい

映画や物語ではなく、実際にアメリカの富豪は、その多くが、積極的に稼ぐと同時に慈善事業にも熱心です。マイクロソフトのビル・ゲイツ氏にしても、投資家のウォーレン・バフエット氏にしても、自分の資産の中から巨額の寄付をしていますから、それも彼らが尊敬される一因といえるのかもしれません。

ところが日本の場合、経営者の多くはサラリーマン社長であることが多いためか、そもそも経営トップと社員との間の報酬の差はアメリカほど大きくありません。

2021年10月5日の『日経転職版』の記事によれば、日本の場合、経営トップと社員の報酬差は、平均すると20～30倍程度ですが、これが米国になると、平均でも350倍程度となります。米国で最も大きな報酬差の企業は、自動車部品メーカーのアプティブという会社で、その倍率は何と5000倍以上にもなっています。

でも、もし日本でアメリカ並みに高い報酬を得る経営者が出てきたら、かなりバッシングを受ける可能性はあるでしょう。

かつて日産のカルロス・ゴーン氏が巨額の報酬を得ていた時も、外国人でしたから当時はそれほど叩かれませんでしたが、もし彼が日本人であれば、多くの人はきっと強い嫌悪感を持ったことでしょう。実際に彼が不正で逮捕された時のメディアのバッシングぶりが大変なものであったことは、記憶に新しいと思います。

自分が損をしてでも相手に儲けさせたくない

脳科学者の中野信子さんと漫画家のヤマザキマリさんの共著である『生贄《いけにえ》探し——暴走する脳』（講談社＋α新書）に、とても面白いことが書いてあります。

この中で中野さんは、「日本人は他国よりも顕著に『スパイト行動』をしてしまう傾向がある」と述べています。「スパイト行動」というのは〝意地悪をすること〟という意味です。もっと突っ込んでいえば「自分が損をしてでも相手に儲けが行かないように嫌がらせをする」という意味だそうです。

たとえば、２０２０年に支給された特別定額給付金については、当初、コロナ禍で収入が大きく減少した世帯に対する救済策として30万円が給付される予定でした。

ところが、それに対して異論が続出し、結局すべての世帯に一律1人10万円となりました。不思議なことに人間の脳というのは、自分ではない誰かが30万円得をしたら、自分が30万円損をしたと思ってしまう傾向があるようです。

この「人がよい思いをするのは許せない」という心理が、まさに「スパイト行動」で、おそらく一部の収入減少世帯のみに対する給付金についても、反対意見が多かったのはそういうことだったのかもしれません。

でも、非正規で働く人やシングルマザーの方々は大変だったでしょうが、多くの会社員世帯にとって、コロナ禍ですぐに月給が下がることはありませんでしたし、年金受給者にとってもほとんど影響はありませんでした。ですから本来ならば、必要とされているところへ優先的に給付金を支給すべきです。

にもかかわらず、全部の世帯に一律に支給した結果、何が起こったかというと、そのお金の多くは消費や生活費には回らず、貯蓄に回ってしまったのです。結果として２０２０年は、前年度に比べて、個人金融資産のうち、現金・預金は57兆円も増加しています。

「みんなで貧乏になればいいじゃない」という間違い

なぜ、日本人はこのように「自分が損をしてでも相手に利益を与えたくない」と思うのでしょうか。

やはりよくいわれるように、日本人の間には強い同調圧力が存在していることが影響しているのかもしれません。「人は人、自分は自分」という考えを持つ人が少ないということですね。

結果としてお金に関しても、人と比べて判断する、あるいは人と比べて自分が損か得かということに異常に強く反応するということなのだろうと思います。

もっと拡大していえば、「幸福感」というものも、人との比較においてしか感じられなくなっているのではないかと思われるのです。これについては本書でものちほど少し掘り下げてみたいと思います。

また、評論家の中には、「みんなで平等に貧しくなろう」と言う人もいますし、ある政治家は「最小不幸社会」ということを主張していました。

言わんとすることはわからないでもありません。要は格差社会をなくそうということでしょうが、それはまったく人間の気持ちを理解していません。格差が縮小したとしても「嫉妬の気持ち」がなくなることはないからです。

どんな社会になっても、その中で必ず羨望と嫉妬は存在します。それよりもむしろ大切なことは、「人と自分は違うし、違って当然なのだ」という意識を持つことです。

そのためには、単に格差をなくすことだけでなく、個人の意思や生き方を尊重し、過度に人と比べたりしないことの大切さをきちんと教えていくことで、同調圧力を弱めていくことが重要なのではないでしょうか。

日本人は昔から、「農耕民族なのでみんなが従順で同じ方向を向いている、そしておとなしく礼儀正しいのだ」などといわれますが、私は必ずしもそういうわけではないと考えています。

そのあたりのことについては次の節で詳しくお話しをしたいと思います。

（4）日本人はお金に疎いという嘘

じつは日本人は世界一博打が好き？

今世紀に入って以降、「貯蓄から投資へ」という掛け声が盛んに聞かれるようになりました。金融庁も金融機関もこぞって、日本人を投資へと誘導しようとしているように見えます。ただ、その割には、あまり投資へお金が向かっていないようで、２０２２年８月に発表された日銀の資金循環統計によると、家計の金融資産構成を見た場合、日本では54・３％と半分以上が現金・預金で、投資性商品である株式や投資信託は14・７％しかありません。米国の場合は、現金・預金が13・７％、株式と投資信託で52・４％ですから、日本とはまったく正反対の構成です。欧州はその中間ぐらいとなっています。

この状況を見る限り、日本人はあまり投資が好きでないように思えます。そんなことから、メディアにおける論調も「日本人はそもそも投資には向いていない」とか「日本人は昔から農耕民族だったから、蓄えることは好きだけど、売買して儲けるようなものは狩猟民族的なので日本人には合わない」といったものが多いようです。

でも、本当にそうなのでしょうか？

たとえば最近話題になっている仮想通貨の取引ですが、世界中で取引されているさまざまな仮想通貨の中で、取引高が一番多いといわれているビットコインの通貨別の取引高を見ると、日本円が米ドルに次いで2番目です。数年前には世界一だったこともあるようです。

しかも日本ではビットコインFXといわれる、レバレッジを掛けた取引が全体の7割以上だそうですから、これはひょっとしたら世界一投機好きな国民なのかもしれません。

それに、ＪＲＡの２０２１年の売り上げは3兆円を超えていますので、他の公営ギャンブルやパチンコなども加えると、日本は先進国の中でも大変な賭博《とばく》王国といえるのかもしれません。

また、少し時代をさかのぼりますと、90年代の終わり頃、日本の為替取引の個人投資家のことが「ミセス・ワタナベ」とか「キモノ・トレーダー」などの俗称で呼ばれて、世界の外為市場で話題になったこともありました。なにしろ英国の経済誌『エコノミスト』が名付けたというぐらいですから、実際に為替取引の投資家は多かったのでしょう。いうまでもありませんが、ＦＸのような為替取引は、株式以上に投機的なものです。

こうして考えると、日本人が貯蓄好きで投資に疎《うと》いとか、お金に疎いというのは、果たして本当にそうなのだろうかと思ってしまいます。

江戸時代、日本は「投資先進国」だった

じつは世界で初めて先物取引が行なわれたのは、江戸時代、大坂・堂島《どうじま》の米市場だといわれています。大坂の堂島に米市場が開設されたのは享保15年（１７３０年）です。全国で年貢として納められた米は、大坂で入札制によって米仲買人に売却され、落札者には米切手という、米との交換を約束した証書を発行していたのです。

そしてこの米切手が盛んに売買されるようになります。最初は現物取引だけだったのが、やがて帳合米《ちょうあいまい》商いと呼ばれる先物取引が始まるようになります。

世界で初めて商品取引が行なわれたのは、１５３１年、ベルギーのアントウェルペン取引所ですから、日本よりも１８０年ぐらい早いですが、これは厳密にいえば、先物《さきもの》（フューチャー）ではなく、取引者同士の現物による先渡《さきわたし》取引（フォワード）でしたから、おそらく世界初の先物取引は、大坂の米市場と考えてよいでしょう（＊１）。

その取引システムは、現代から見てもかなり洗練されたものだったそうですから、江戸時代の日本は、世界でも先進的な金融立国であったといえます。

散々なスタートだった郵便貯金

先ほど紹介した日銀の資金循環統計で見ると、現代の日本人は欧米に比べて貯蓄好きだということがわかりますが、これもじつは、昔からそうだったわけではないようです。

郵便貯金は1875年（明治8年）に、「日本近代郵便の父」といわれている前島《まえじま》密《ひそか》によって導入されました。

彼は当時、飛脚に代わる郵便制度を構築するため、英国に視察に行きましたが、その時、郵便局は郵便だけではなく、貯金業務も行なっていることを目《ま》の当たりにします。そこで、日本でも郵便だけではなく郵便局に貯金業務をさせることを思いつくのです。こうしてできたのが郵便貯金制度です。

ところが当初、この郵便貯金はなかなかお金が集まらなかったのです。千葉商科大学大学院の伊《い》藤《とう》宏一《こういち》教授に、以下のような面白いお話を聞いたことがあります。それは、「当時の庶民にとっては、『貯蓄』という概念がなかった」ということでした。

これは、庶民がお金をパーッと使ってしまって、いわゆる「宵《よい》越《ご》しの銭は持たねえ」という感覚だった、ということではありません。もちろん、そういう感覚も一部の庶民にはあったでしょうが、多くの庶民にとっては、「お金や財産は個人で守るもの、政府やお上は金を巻き上げるところ」という認識だったそうです。

だから、国が「郵便貯金」という制度を作って貯蓄を促しても、そういうことに対しては及び腰だったのだろうと思います。

しかも、創設された当時の郵便局の職員の多くが武士崩れで、平民に対して頭を下げず、預け入れに来た人が頭を下げなければならなかったそうで、そのため、郵便貯金は散々なスタートだったそうです。

「貯蓄は日本人の気質に合わない」

郵便貯金が導入された翌年に、前島密は浄土真宗の僧侶であった島地黙雷《しまじもくらい》師を訪ね、一般庶民に対して「貯蓄思想の普及」をお願いしたのですが、その時、島地黙雷師からは「貯蓄は日本人の気質に合わない」という理由で断られてしまったというエピソードがあります。

先ほどの伊藤教授のお話でも、「当時の日本人は『お金や財産は個人で守るもの』という意識が強く、お上には頼らない」という風潮だったといいますから、まさに当時の日本人は自助努力という国民性を持っていたのだろうと思います。

事実、現在のような社会保障制度はありませんでしたから、相互扶助の仕組みである「講《こう》」はとても盛んで、当時全国で33万件あまりもあったそうです。

お金や財産は自分で守るもの、貯蓄には興味がない、でも困った時は「講」を使ってみんなで助け合う、というのが、江戸時代から明治の初めまでの日本人の国民性だったわけです。現代の日本人とはかなり程遠い印象がありますね。

では、いったいなぜ、そしていつから日本人は、今のような貯蓄好きになってしまったのでしょう。

殖産興業、そして戦争遂行のための貯蓄奨励

前島密は、貯蓄することでお年寄りや子どもを養うことができる（今の時代なら社会保険制度で年金や児童手当があります）という道徳的な面を強調し、小学校から「勤倹貯蓄《きんけんちょちく》が美徳である」という教育をしていったのです。やはりいつの時代も教育の効果は大きく、やがて郵便貯金は徐々に増加するようになっていきました。

そして、遅れてきた資本主義の国であった日本が先進諸国に追い付くために、殖産興業が政策として強く打ち出され、そのために個人の零細なお金を集めることが重要とされたのです。

しかしながら、国として生産資本を増強するためには、必ずしも間接金融である貯蓄だけが必要なわけではありません。直接金融である投資でもかまわないのです。事実、戦前の民間部門の金融資産の中身は、証券の割合が50％を超えていて、預金の割合の方が少なかったのです。

そんな構造が一変したのが戦争でした。1939年4月1日に「国民精神総動員新展開の基本方針」というのが策定され、国是として「貯蓄増強」が打ち出されたのです。つまりは戦争を遂行するために、「貯蓄をすることはお国のためだ」ということで、いわば「国家と戦争のための貯蓄」が強く打ち出されていったのが歴史なのです。

戦後も続いた「国家総動員体制」

そしてこの流れは戦争が終わったあとも続きました。なにしろ敗戦国日本は、基本的な産業インフラが破壊されてしまっています。そこから復興していくためには、再び個人の零細な預金を銀行預金に集めて、経済復興に必要な業種に対して重点的に傾斜配分する必要がありました。そのためには、投資という直接金融よりも、間接金融の方がはるかに効率がよかったのです。

今では50歳以上の人しか覚えていないでしょうが、昔は銀行や郵便局などに預金や貯金をした場合、元本３００万円までは利息に税金がかからない「少額貯蓄非課税制度（通称：マル優制度）」というのがありました。

この制度は１９８７年に廃止が決定され、翌88年からは65歳以上の高齢者に限って適用、それも２００５年末までで廃止となり、現在は障がい者や遺族年金の支給を受けている人だけが使える制度になっています。

このように、戦後も長い期間にわたって貯蓄税制が優遇され、貯蓄奨励策が続いていたのです。現在はそれが「少額投資非課税制度（通称：ＮＩＳＡ）」となっているのはご承知の通りです。

貯蓄と博打が大好きで、投資が嫌いな日本人

こうして日本人のお金にまつわる歴史やその時代の感覚を振り返ってみると、とても面白いものだと思います。

では昔の話は置いておいて、現代の日本人のお金に対する感覚を一言で表すと、どうなるでしょう。

それは、「貯蓄と博打が大好き、でも投資はよくわからないのでやらない」ということです。これは欧米や中国などと比較するとかなり違いがありますし、とても歪《いびつ》な構造になっているのではないかという気がするのです。

特に「投資」に対する抜きがたい偏見は存在しているように思います。それにはもちろん、これまでに書いてきたような「お金に関するホンネとタテマエ」や「嫉妬の論理」が影響していることは間違いないと思います。

ただ、どうもそれだけではなく、何か投資に対して根本的に誤解していることがあるのではないかという気がするのです。本章の最後となる次節では、それについてお話ししたいと思います。

（＊1）先物取引と先渡取引：先物取引・先渡取引とは、将来のあらかじめ定められた期日に、特定の商品を、現時点で決めた価格で売買する契約のことをいいます。取引が取引所で行なわれ、差金《さきん》決済

(「現物の受け渡しを行なわないで、反対売買によって生じた差額のみの受け渡しをする取引」)による決済が行なわれるのが、先物取引。一方、取引が個別に相対で行なわれ、現物決済が行なわれるのが先渡取引です。先物取引の場合は、直接の商品の受け渡しは行なわれず、差金決済が行なわれるため、決済の履行《りこう》を担保するために証拠金が必要ですが、先渡取引の場合は商品自体のやりとりなので、証拠金は不要となります。

（5）不労所得という勘違い

日本では最高神ですら肉体労働をしている

日本人の多くが投資には興味がないし、投資もしていないという現実。

これには、投資が難しそうでよくわからないということもあるでしょう。ホンネでは儲けたいけど、タテマエではそれを表に出さない。だから投資には興味ないフリをしているけど、本当はよくわからないから、やりたくてもやれないという気持ちはあると思います。

でもそれ以上に私が感じているのは、多くの人が、「投資」ということの本質を、根本的に誤解しているのではないかということです。

日本人は誰もが、心の中に「働くことは尊い」という強い倫理観や道徳観を持っています。

私自身は、日本人の多くが優秀だとも、生産性がそれほど高いとも思わないのですが、多くの人が、「日本人は優秀で勤勉だ」と言います。

その背景には、「労働が尊いこと」という感覚があり、それゆえに日本人が勤勉なのだと思い込もうとしているように見えます。

たしかに、欧米人と日本人の労働に対する感覚の違いはあるようです。

キリスト教においては、アダムとイブが禁断の果実を食べてしまうという罪を犯したために楽園から追放され、人類は〝働かなければならない〟という罰を神によって背負わされました。つまり、「労働は罰」というのが基本観にあるわけです。

これに対して我が国の場合、八百万《やおよろず》の神がいるわけですが、その最高神は天照大御神《あまてらすおおみかみ》です。で、彼女は何をしているかというと、高天原《たかまがはら》で機織《はたお》りをしているんですね。最も労働集約型産業である機織りですよ。そして他の神様もみんな働いています。これはキリスト教やイスラムの人たちから見れば驚くべきことなのではないでしょうか。

「働くことは尊いこと」「労働は美徳」という考え方は、おそらく日本人のＤＮＡの中に深く刻み込まれているのだと思います。

このこと自体は別によいのですが、問題は、働くことや労働とはいったいどういうことなのだろうかという認識にあります。

「投資の儲けは不労所得」という思い込み

日本では多くの人が、「投資の儲けは不労所得」だと思っています。

では、そもそも働くというのはどういうことを言うのでしょうか。

私たちが普段行なっている仕事の内容を考えてみましょう。「モノを作る」「販売する、売り込みに行く」「事務処理をする」、そして「研究開発に従事する」と、まあ、ざっと考えればこんなところでしょう。

いうまでもなく、事務処理をするという中には、人事、経理、総務といったバックオフィス的な仕事はすべて含まれます。どんな業種であれ、これらの業務は存在するでしょうから、働くということのイメージがこれらの仕事になるのは当然です。

では社長は、いったいどんな仕事をしているのでしょうか。

普通は、ここに挙げたような仕事は何もやっていません。トヨタ自動車の社長が工場で車を組み立てる作業に従事することはありませんし、ユニクロの社長だって、店舗に立ってTシャツを売ることもないでしょう。

彼らは何も仕事をしていないのでしょうか？　そんなことはありませんね。

では彼らは、いったいどんな仕事をしているのでしょう。

「経営者」と「投資家」は同じことをやっている

彼ら、すなわち経営者の仕事は、「判断すること」そして「判断したことに対して責任を取ること」です。

会社が持っている経営資源、俗に「ヒト・モノ・カネ」といわれますが、人員をどの分野に投入するか、設備やインフラをどう活用するか、そして何にお金を投資するかを、必死で考えて、決断する。

うまくいかなくて会社に大幅な損失が生じると、責任を取って辞めざるを得ないということも起こり得ます（中には責任を取らない経営者もいますが）。

さらに、辞めるだけであればまだしも、株主から訴訟を起こされ、損害賠償を請求されることだってあり得ます。つまり、経営者はリスクを取って事業をしているのです。リスクを取っているから高い報酬が得られるのです。

でもこれ、よく考えてみると、「投資家」がやっていることと同じことですよね。投資家は、自分の持っているお金を何に投下すればいちばん収益が上がるかを考え抜いて、投資を決断します。その結果がよいか悪いかはわかりませんが、どちらになったとしても、責任は投資をした自分が負うことになります。

経営者がリスクを取って事業を行なうのと、投資家がリスクを取って投資をするのは、まったく同じことなのです。

投資のことがよくわからない理由

ところが、経営者がやっていることは、普通の会社員にはなかなか理解できないと思います。もちろん頭の中ではわかっているかもしれませんが、実感として感じることはないでしょう。なぜなら、経営者の視点でものごとを見ることはありませんし、経営者であるがゆえに起こり得ることも体験できないからです。

たとえば、自分で商売をしたり、会社を経営したことがある人なら、資金繰りが行き詰まったりする時の恐怖感はよくわかると思いますが、会社員にはそれを理解しろといっても無理でしょう。逆に、自分がリスクを取って判断し、それが成功した時の高揚感も味わうことはできないと思います。

したがって、企業経営と投資が同じ感覚であるとすれば、経営者の視点で判断することのない会社員にとっては、自分での投資の経験がない限り、投資家の視点も理解できないということになります。

このように考えていくと、「投資の儲けが不労所得だ」と考えてしまう人が多いのも、うなずけます。「汗水垂らして働くのではなく、一発当てれば儲かるんでしょ？　だったらそれって不労所得だよね」という感覚なのだろうと思います。

さらにいえば、株式投資は博打のようなものだという思い込みもあるでしょう。たしかに株式投資は、やり方によっては投機的な面があることは事実ですが、それはすべてのビジネスで同じです。自分で考え、分析して資本を投下する。状況に応じてさらに資金を注ぎ込んだり、逆に撤退したりすることも起こり得ます。それでも100％うまくいくという保証はないのです。

これについては、私もかつてサラリーマンをしていたのでわかりますが、仕事の成果がよくても悪くても決まった給料がもらえる会社員の立場では、自分の判断で結果の成否とそれに伴う報酬の多寡《たか》が決まるということが、なかなか実感できません。

でも、利益というものは、そういう不確実性＝リスクの対価として生まれてくるものなのです。その本質が理解できていなければ、「投資の儲けは不労所得だ」と思うのも無理はありません。

投資教育でも金融教育でもなく、「お金の常識」を教えることが大事

さてここまで、お金にまつわる思い込みや勘違いについて、歴史的な面も含めて考えてきました。前節で、明治期に入ってから貯蓄教育が一生懸命実施されたということを書きましたが、本来、学校教育において、「貯蓄」や「投資」について詳しく教える必要があるのかについて、私は疑問に思っています。

それはお金が汚いものだとか、お金のことを考えるのははしたないことだとか、そういう理由から教えるべきではないというのではありません。むしろ逆です。教育の場においては、「貯蓄」や「投資」のノウハウなど教える必要はなく、それよりも「お金の常識」をきちんと教えるべきだと思います。

世の中には「お金の常識」を知らない人が多すぎます。そういうものを誰からも学ぶことなく大人になってしまったために、変な金融詐欺や怪しげな商法に引っかかってしまう人が後を絶たないのです。

したがって、お金の常識は学校でしっかり教えた方がよいと思います。その上で、どうすればいいのかを考えるのは自分です。貯蓄や投資は、自分で考えて、必要だと思えばやれば

いいですし、その中身については自分で納得のいくまで勉強すべきです。

「何か儲かりそうなモノはありませんか?」とか「上がりそうな株を教えてください」というセリフの中には、「自分で考えるのが面倒だから、人に教えてもらえばいい、どうせ不労所得なんだから」という考えが見え隠れします。そんな考えが生まれてくるのはお金の常識や投資の本質を理解していないからなのです。

大切なことは「自分の頭で考える」ということです。そして考えるにあたっては「お金の本質」がどういうものかを知っておく必要があります。

そこで次章では「お金の本質」について考えていきたいと思います。

第2章

お金について少しだけ深く考えてみよう

——お金の歴史とお金の持つ役割

（1）お金はどうやって生まれた？

お金の本質をわかりやすく解説

さて、前章では「ホンネでは好きでもタテマエでは忌避する」というお金に対する微妙な感覚がどうして生まれるのかをお話ししましたが、ここからはお金の本質について話をしましょう。

少しだけ理屈っぽい話が出てくるかもしれません。面倒だと思ったら読み飛ばしていただいてもかまいませんが、そうならないようにできるだけわかりやすくお話をします。

何よりもわかりやすさを優先したいので、細かい部分については切り捨てながら話をします。したがって金融経済の専門家の人から見れば、「ちょっと違うのでは？」とか「そうではない場合もあるよ」というご意見があるかもしれませんが、ご容赦《ようしゃ》ください。

お金が持つ3つの役割

さて、そもそもお金というのは何のために存在するのでしょう。

お金には大きく分けると3つの役割があります。

1. 取引決済機能
2. 価値尺度機能
3. 価値保存機能

まず初めに「取引決済機能」です。

これはとてもシンプルな話で、「商品やサービスを購入する時に、その対価として支払う」という役割です。大昔のように物々交換で品物を手に入れていた時代ならいざ知らず、現代においては、モノやサービスのやりとりはすべて通貨を介して行なわれます。だからお金がないと生きていくことができないわけです。

したがって、お金の持つ一番主な役割は、この「取引決済機能」といってよいでしょう。

「あまおう」と「とちおとめ」、どっちが美味しい？

次が「価値尺度機能」です。

これは、お金で表される数字が、その品物の価値を表しているということです。

たとえば、スーパーマーケットに行ってイチゴの売り場で「あまおう」と「とちおとめ」のパッケージが並んでいたとします。どちらの方が美味しいのか？

これは本当のところは食べてみないとわからないはずですが、仮に一方が３００円、もう一方が６００円と表示されていると、６００円の方が美味しそうだと思ってしまいます。

本当は、「価値」と「価格」は必ずしも一致しないのですが、食べる前であれば、私たちにはそれを比べる術《すべ》がありませんから、どうしても価格で判断することになります。

このようにお金には、「物の価値を比較するための物差し」としての役割があるのです。

お金は腐らない

そして最後、３つ目が「価値保存機能」です。

どんなに美味しいイチゴでも、１カ月も放っておけば腐ってしまいます。あるいは今は優れたサービスでも、テクノロジーの進化で2～3年後には陳腐化《ちんぷか》してしまうこともあります。

したがってモノやサービスは、それを保存しておきたくても限界があるのです。

５年後でも10年後でも同じ商品とサービスを手に入れたければ、お金を持っておいて、将来それを使うという方法しかありません。つまりお金というのは、「将来にわたって価値を保存しておく」という機能があるのです。


こうして私たちの生活の中で、お金は欠かすことのできないものになっていますが、普段の日常生活においては、２つ目の「価値尺度機能」や３つ目の「価値保存機能」はあまり意識することはありません。私たちが最も認識しているのは、１つ目の「取引決済機能」でしょう。

ところで、お金の持っている「機能」はこの３つですが、お金の性質という面で考えると、まったく違う面が見えてきます。

いま書いたように、私たちはあまりにも、お金というものを「取引決済機能」の面からしか意識していない、すなわち、買い物やサービスを手に入れるための手段としてしか考えていないために、大事なもう１つの性質を見失っているのです。

物々交換から始まったってホント？

先ほど、「大昔のように物々交換で品物を手に入れていた時代なら……」というフレーズが出てきましたが、これはよくいわれるように、「原始時代、人々は物々交換をしていた。けれど、それだと自分の欲しいものと自分に余っているものを交換する相手を探すのが大変だから、間に通貨を介することで取引がスムーズに行なわれるようになった」ということですね。おそらく多くの人は、学校でもそのように習ったと思いますし、そう信じていると思います。

これはつまり、「商品同士の交換をするために、ある価値のものを選んで通貨とした」、あるいは「物々交換の不便さを解消するために、貨幣が生まれた」というストーリーです。

このストーリーは、一見、納得性が高いように思えるのですが、じつは「物々交換から貨幣が生まれた」という証拠はどこにもないといわれています。経済学者の間では、貨幣誕生のストーリーとして自然に語られていますが、考古学者や人類学者ではその証拠を見つけることができなかったということだそうです。

最近ベストセラーとなった『ブルシット・ジョブ――クソどうでもいい仕事の理論』（岩波書店）の著者で、文化人類学者のデヴィッド・グレーバーという人がいます。彼が２０１

1年に書いた著書『負債論――貨幣と暴力の5000年』（以文社、日本語訳は2016年刊行）の中で紹介している、ケンブリッジ大学の人類学者キャロライン・ハンフリーは、「物々交換経済について純粋で単純な事例が記述されたことなどない。物々交換から貨幣の発生についてはなおさらである。入手可能なあらゆる民族誌がそんなものは存在していなかったことを示している」と述べています。

つまり、貨幣は物々交換から生まれたのではない、と断言しているのです。

では、貨幣が物々交換から生まれたのでなければ、それはいったいどうやって生まれたのでしょうか。

貨幣は信用から生まれた

「貨幣は物々交換から生まれた」とし、貴金属のような何らかの価値のあるものの裏付けがあるという考え方を「**商品貨幣理論**」といいます。これに対して、貨幣は負債（借金）の一種であるという考え方を「**信用貨幣理論**」といいます。

「貨幣が負債」といわれても、いまひとつピンとこないかもしれません。では、こんな風に考えてみてはどうでしょう。

たとえば、無人島に2人の人が漂着したとします。1人は農民で、もう1人は漁師です。2人はそれぞれ自分の得意なことで食べ物を得ようとします。魚を捕《と》る漁師は海に行けばすぐに捕れます。ところが農業をしている人は、種を植え、栽培して数カ月経たないと作物が採れません。

したがって当面は漁師が、自分の食べる分だけではなく、農民にも魚を分け与えます。その代わり、数カ月後に作物が採れた時には、反対にそれを漁師にあげるという約束をします。2人だけしかいませんから、口約束でもよいでしょうが、念のために農民から漁師に「数カ月後には間違いなく作物を渡します」という証書を書いて渡します。

漁師から魚を分けてもらった段階では、農民は漁師に借りがあるわけですから、いずれ返さなければなりません。それを担保するために、農民が漁師に借用証書を書いて渡すのですが、よく考えてみると、この場合の借用証書が「貨幣」なのです。すなわちこれは、農民が漁師にお金（借用証書）を渡して魚を買っているのと同じことなのです。

貨幣は信用の尺度

融資、すなわちお金を貸すことを「信用を供与する」という言い方をしますね。まさにこの場合、漁師が農民に貸しを作った、すなわち信用を供与したことになります。したがって貨幣というのは、その本質が「負債」であり、負債というのは返してもらえるという信用の下に成り立つものですから、貨幣で表される金額というのは、まさに「信用の尺度」といっていいのです。

英国の中央銀行であるイングランド銀行が２０１４年の第１四半期に発行した季刊誌には、「今日の貨幣は借用証書の一種である」と書かれています（＊1）。かつて通貨は、金や銀などとの交換が担保されていた（こういう貨幣を兌換《だかん》紙幣といいます）時代がありましたが、現在ではそのほとんどが不換紙幣、すなわち裏付けのない存在となっています。

であるとするなら、貨幣が貨幣として成り立っているのは、誰もが共通の価値があると信じているからです。もしその信用がなくなってしまうと、通貨制度は崩壊します。実際に過去にも、ハイパーインフレによって貨幣の信頼性が失われたケースというのは多くありますし、最近ではベネズエラの通貨ボリバルはほとんどその機能が失われています。

貨幣が生まれる前から信用システムは存在した

この「貨幣が信用（負債）である」という考え方のルーツは、古代メソポタミアにあります。紀元前３５００年頃、まだ通貨というものがなかった時代に、メソポタミアに存在したシュメール人の経済活動において、ある種の信用システムができあがっていたのです。

メソポタミアにおいて都市国家が築かれていく際に、神殿の官僚たちは、一般市民から労働力を集めて多くの建築物を作らせ、その代わりに財を分配していました。そのための債権債務を計算する方法として、貨幣が使用されていたのです。

これは古代メソポタミアだけではなく、古代エジプトにおいても同じようなことが行なわれていたようです。

現代の会社員においてはどうでしょう。毎月給料日には、自分の銀行口座に給料が振り込まれますね。でもこれは、お金そのものが移動しているわけではなく、銀行にある会社の残高と個人の残高の間でデータが書き換えられているだけです。

さらに、その給料をデータとして受け取った私たちも、カードや電子マネーで買い物をするとすれば、これも単にデータの書き換えでしかありません。

お金を表す媒体は、時代とともに変遷してきています。ただ、そこに一貫して流れているのは、信用システムということなのです。

では古代社会において、貨幣の持つ信用はどのように確立されていったのでしょうか。

先ほどの例で挙げたように、無人島で２人の人間しかいなければ、互いの間で信用が成立するのはそれほど難しい話ではないでしょう。ところが多くの人が存在し、そしてそれらが集合体となった社会においては、どうすれば貨幣の信用が維持されるのでしょう。

その答えは次の節でお話ししたいと思います。

（＊１）https://www.bankofengland.co.uk/quarterly-bulletin/2014/q1/money-in-the-modern-economy-an-introduction

（2）お金は税金を払うためのクーポン券だった

信用はいったいどこからやってくる？

前節でお話ししましたが、貨幣が負債であり信用であると考えると、貨幣それ自体は単なる紙切れにしかすぎません。1万円札を手に入れたらうれしいと思うのは、その紙切れに1万円分の価値があると自分が思っているだけでなく、他の人もそう考えているからです。

仮に1万円札を持ってどこかアフリカの小さな村に行っても、そんなもの誰も受け取らないでしょう。逆にその地で使われている貨幣を日本に持ってこられても、何も買うことはできません。すなわち、貨幣がその役割を維持するためには、「その貨幣に価値がある」という共通認識を誰もが持たないと成立しないのです。

かつては金本位制といって、貨幣は同じ価値の金と交換されるということが保証されていました。それが価値の源泉であり、誰もがそう信じているからこそ、貨幣の価値が担保されていました。

ところが現在は、貨幣のほとんどは、金のような価値の裏付けはありません。ですから、貨幣制度はすべて信用の上に成り立っているのです。

では、その信用のもとになるものはいったい何でしょう。国に対する信頼？　国民相互の間の信頼感？　――おそらく、そんなあやふやなものではないと思います。

「それを使用することで明らかな利益がある」か、もしくは「使わなければ著しく不利益になる」と人々が考えるから、その貨幣が信用され、成り立っていると考えるべきでしょう。

福澤諭吉から渋沢栄一へ

現代において、貨幣を造って発行しているのは中央銀行、日本では日銀（日本銀行）ですが、実態としては国です。したがって国から「これを１万円札として使え」と言われたら、それを使わないわけにはいきません。

２０２４年からは、１万円札に印刷されている人物が福澤諭吉から渋沢栄一に変わりますが、私たちはそれを前もって知らされていますから、おそらく２０２４年になっても混乱することなく、渋沢栄一を１万円札として使うことになるでしょう。

でも、誰もジョージ・ワシントンの絵が描いてある1ドル紙幣や、毛沢東が描かれている人民元の紙幣を日常の買い物に使いませんし、そもそも外貨で直接買い物ができるお店などはほとんどありません。

このように我が国では、円という自国通貨が常に生活において使われていますが、すべての国で自国通貨だけが使用されているとは限りません。

たとえば前述したベネズエラでは、国の通貨であるボリバルの価値が大幅に下落しているため、おそらく闇市場ではドルしか通用せず、逆にドルさえあれば何でも買うことができるという状況になっているのではないでしょうか。

ベネズエラほどひどくはなくても、発展途上国の中には自国通貨よりもドル通貨を欲しがる国はたくさんあります。ちょっとした日常生活程度であれば自国通貨でよいでしょうが、大きくビジネスをやるのであれば、国際通貨であるドルやユーロを使わなければどうにもならないというケースは多いと思います。

そのような国では、いくら「自国の通貨を使え」と国が言っても、ドルを使う方が明らかにメリットがありますから、ますますドルの価値が上がり、その国の通貨の値打ちは下がる一方でしょう。したがって、国が単に「この通貨を使いなさい」と言うだけでは、貨幣に対する信用を維持することはできません。

貨幣は税金を払うためのクーポン券

では、もう1つの方法、つまり「これを使わなければ著しい不利益が生じる」という場合はどうでしょう。

もちろん「これを使わないと罰せられるか、逮捕される」といった具合に、国が強権発動すれば、著しい不利益を被《こうむ》ることになりますが、民主国家においてそれはまずあり得ないでしょう。

だとすれば、どんな方法があるでしょうか。

じつは、その通貨に最も価値の裏付けを与えることができるのは、「**それを使って税金を払うことができる**」ということなのです。

昔は、必ずしも通貨で税を払う必要はありませんでした。日本史で習ったことと思いますが、古代には「租庸調《そようちょう》」といって、米、労働力、そして布などの繊維製品を税として納める制度がありました。また江戸時代には、年貢米が税金だったわけです。

とはいえ、労働や品物で納めるというのは大変な徴税コストがかかります。現代社会においてそれはまず不可能です。したがって、現在、税金は、相続税における物納のような一部の例外を除き、原則はすべて貨幣で支払わなければならないとされています。

お札には何と印刷されていますか？　「日本銀行券」となっていますね。

そうです、お札は〝券〟ですから、商品券やクーポン券と同じ性質のものなのです。それを持っていれば、それに見合った品物やサービスを得ることができるというクーポンです。したがって、お金は税金を払うためのクーポン券だと言い換えることもできるのです。

これは考えてみれば、かなり有効な方法です。税金を払うのは国民の義務ですから、収入や利益が生じた場合、税金を払わないと罰せられます。支払い方法が貨幣でなければならないということですから、これはいわば間接的ではありますが、国家権力が貨幣を使うことを強制的に命じているのと同じことですね。

税金は何のために必要なのか？

じつは、この「税金を貨幣で支払う」ということは、お金の本質と大きく関わりがあるのです。

そもそも税というのは、いったいどういう意味を持っているのでしょう。

税の役割は、「自分1人で負担するよりも、みんなでお金を出し合って負担した方が効率がよいこと」に対して使われるということです。具体的にいえば、警察や国防、道路を作ったり橋をこしらえたり、あるいは学校を運営したり、要するに現代においてありとあらゆる行政サービスといわれているものが税でまかなわれています。

もし世の中に税がなければ、いったいどういうことになるのか。

警察はありませんから、自分の家を守るためには高いお金を払って、今よりももっとパワフルな警備会社と契約するか、ボディガードを個人で雇うしかありません。道路も橋もその地域に住む人たちがお金を出し合って造ることになるでしょうから、外から来た人はみんな通行料を払わなければなりません。

また、学校はすべて私立しかないことになりますし、生活保護の制度もありませんから、貧しい人は学校に行けないとか、生活できなくなって飢え死にしてしまうことになるかもしれません。

つまり、私たちが安心して生活できる背景には「税金」というシステムがあり、そのシステムを支えているのが私たちの支払う貨幣だということなのです。しかもこのシステムは、誰もがその収入や得た利益に応じて、それぞれ可能な金額を負担するようになっています。

税金を払うということの意味

本来、国や政府の役割は、国民の生命と財産を守り、誰もが安心して生活していけるようにすることです。そのためには当然、コストがかかります。みんなの共通の利益のために働いてくれる人たちに、その対価としてお金を支払わなければならないからです。

だから納税は、私たちの義務であると同時に、社会が回っていくために必要な労働に対して私たちが負担すべきコストです。その支払いのために貨幣が使われているからこそ、貨幣には価値があるのです。

また、別な視点から見ると、社会を維持していくために必要なお金＝税金をより効率的に公平に徴収し、分配していくことが求められるのが政治家の役割です。我々が貨幣を使って税金を納めているからこそ、その使い方をチェックするのもまた、私たち国民の義務なのです。

税金を払うには貨幣しか使えないと言いましたが、これは必ずしも現金支払いのみを手段としているわけではありません。もちろん、現金そのものを持って税務署や銀行の窓口で払い込むこともできますが、他にも、クレジットカードでも払えますし、自分の金融機関口座から、自動で税金を引き落としてくれる振替納税や、ｅ－ＴＡＸを使ったダイレクト納税で納めるというやり方もあります。

ただし、「必ずしも現金である必要はない」と言いましたが、現時点では仮想通貨による支払いはできません。その理由はなぜか？

これを知るためには、通貨の歴史的な変遷と、通貨そのものの流通の仕組みも知っておいた方がよいでしょう。

次節ではそのあたりについて考えてみましょう。

（３）ヤップ島とビットコイン

南の島にあった石のお金

日本から南へ３０００キロ近く離れた西太平洋上、グアム島からさらに南西に行ったところに、「ヤップ島」という島があります。ここは第一次世界大戦後、太平洋戦争が終わるまでは日本の委任統治領でした。陸地面積は１００平方キロメートルですから、伊豆大島とほぼ同じくらい、人口は約１万人の島です。

この島が有名なのは、「石貨《せきか》」と呼ばれる石のお金の存在によってです。

よく原始時代を描いた漫画などでは、真ん中に穴のあいた円形の石を転がしたり運んだりして、それがその当時にお金として通用していたとして描かれていることがあります（**左頁の絵参照**）。

実際にヤップ島に行くと、この「石貨」が残っているのですが、小さいものでも直径30セ

原始時代のイラストの例

ヤップ島の石貨

イラスト・写真提供：PIXTA

ンチくらいで、普通は直径60センチから1メートルくらいはあり、真ん中の穴に棒を入れて運んだといわれています。さらに大きいものになると、直径3メートルほどで、重さは5トンほどにもなるというのです（**上の写真参照**）。

たとえ直径30センチだったとしても、なにしろ石ですから、運ぶのは大変です。ましてや重さ5トンもあるものは、移動させることなど不可能です。

ではどうやってこれをお金として使っていたのかというと、路上に置かれたまま、移動させることなく、所有権のみを移転させるという取引が行なわれていたのです。この「お金を移動させずに所有権の移転のみが行なわれる」というのは、現在の経済取引においては頻繁に行なわれていることです。

たとえば、本章（1）でも少し触れましたが、私たちが毎月受け取るお給料だって、銀行にある会社の預金口座から社員個人の預金口座へ振り替えるというかたちで所有権の移転を記録するだけで、実際の現金が移動するわけではありません。

そう考えると、このヤップ島の「石貨」というのは、現代の金融取引を先取りしていたといえないこともありません。

「石貨」はビットコインだった？

そして現実の「石貨」は、日常の買い物などで通貨として使われていたわけではなく、冠婚葬祭などの儀礼的な贈答品として使われていたようです。すなわち、所有権を移転することで「贈り物」としていたわけですね。

現代であれば所有権を記載した台帳があり、それがどこかの役所で保管されていて、権利を確定するということになるでしょうが、大昔にはそんな仕組みがあったとは考えにくいでしょう。

でも、日本統治時代のヤップ島の人口は３０００人ぐらいだったそうですから、その程度の規模の社会で冠婚葬祭が行なわれるのは、それほど頻繁ではなかったと思います。だとすれば「港のそばにある大きな石貨の所有者がいったい誰なのか」、そして「それが誰の手に渡ったのか」を、近隣の住民みんなが覚えるのはそれほど難しいことではありません。すべての石貨の取引が１カ所に集められて管理されていなくても、部分的に人々の記憶の中で台帳化することはできたはずです。

　でもこれってよく考えてみると、仮想通貨のブロックチェーン技術と、発想の原理は同じなんですね。もちろん、ビットコインがヤップ島の「石貨」をモデルにして作られたわけではないでしょうが、貨幣の形を歴史的に振り返ってみると、面白い現象があります。

時代とともに貨幣の形は変わってきた

　ヤップ島の「石貨」は、いま説明したように、所有権の移転を複数の島民が記憶することで、取引の正当性が担保される仕組みでした。原始時代の漫画で描かれているように、ヤップ島以外でもそういう貨幣が使われていたのかもしれません。

　じつはこのヤップ島の「石貨」は、その辺に転がっている石ころではなく、５００キロも離れたパラオ諸島のバベルダオブ島で、石斧《いしおの》を使って何カ月もかけて切り出した結晶質石灰

和同開珎

交子

岩を、筏《いかだ》に乗せて島に持ち帰ったものだそうです。つまり、作るのに相当なコストがかかっていたのですね。

そのうち、金属の産出と鋳造《ちゅうぞう》技術が発達したことで、銅や銀といった金属を使った通貨が作られるようになりました。日本でも和《わ》同開珎《どうかいちん》が初期の頃の通貨として有名です。

やがて、紙に印刷をする紙幣が生まれたのが10世紀の中国です。世界で最初の本格的な紙幣は、北宋時代に作られた「交子《こうし》」だといわれています。

その後はずっと紙幣が中心でしたが、20世紀になってからはクレジットカードが利用されるようになり、さらに今世紀に入ってからは電子マネーが利用されるようになり、最近ではQRコード決済も拡がりつつあります。

こうして時代とともに貨幣の形は変わってきたのです。

よくお年寄りが、「カードや電子マネーみたいなものはお金のありがたみに欠ける。本当のお金はやっぱり現金しかない」などと言いますが、これはまったく違います。紙幣であれ、コインであれ、電子マネーであれ、お金というのはどれも、単なる記号、データでしかないのです。紙幣はそれが紙に印刷されていますし、電子マネーはそのデータがデジタルで処理されているというだけなのです。

つまり通貨というのは、すべからく「バーチャルマネー」だといえます。

これに対して、株式の方が、じつは「リアルマネー」なのです。なぜなら、株式を持っているということは、その会社の一部を所有していることになるからです。「通貨」という、信用をベースにした実体のないものではなく、会社の設備や人材という「財産」の所有権という、目に見えるものの裏付けがあるからです。

貨幣発行で儲ける方法？――製造コストはどんどん下がっている

話が少し横道にそれましたが、いつの時代でも通貨というのは、単なる記号・データでしかありません。ということは、ヤップ島の「石貨」から始まって、銀貨や銅貨などのコイン、それから紙幣になって、現在の電子マネーへ、という流れをよく考えてみると、お年寄りが考えているようにお金のありがたみが薄くなったのではなく、単に貨幣の製造コストがどんどん下がっているだけなのだということがわかります。

たとえば２０２０年（令和２年）度の紙幣の製造枚数は、30億枚（＊１）（１万円札、５千円札、千円札の合計）ですが、日銀の損益計算書（＊２）で見た銀行券製造費（お札の製造費）は、４９０億円となっていますから、これを割り算してみると、１枚あたりの製造コストは約16円ということになります。

つまり、１万円札の製造原価は16円ということになるのです。日本銀行が２０２１年４月に実証実験を始めた「デジタル円」が広く使われるようになると、さらにコストは大幅に下がることでしょう。

政府・中央銀行が発行する貨幣から、その製造コストを引いた分の利益のことを「貨幣発行益（シニョリッジ）」といいますが、古代や中世においては、領主などが額面より安価な貨幣を発行することによって利益を得ており、彼らにとっての最も大きな利益が、この貨幣発行益であったとされています。

古代においては限られた地域でのみ使われていた貨幣が、やがて中央集権的に一元管理で発行されるようになっていった経緯の中には、こういった背景があるのかもしれません。

仮想通貨の将来

ただし、金属コインから紙幣、カードなどのプラスチックマネー、そして電子マネーに至る流れは、いずれもデータを記録する媒体が異なるだけで、中央銀行が一元管理するという仕組みは変わっていません。

ところが、最近拡がってきた仮想通貨が決済手段として活用されるようになってくると、電子マネーやデジタルマネーとはまったく枠組みの異なるものとなり、この二千年以上続いてきたお金の流れに対するパラダイムが一変してしまう可能性もあります。

仮想通貨を支えるブロックチェーンという仕組みは、特定の政府や企業によって管理されているのではなく、不特定多数のブロックチェーン・ネットワーク参加者によって共同管理されているものだからです。

仮想通貨というと、その価格の変動の大きさから、今はむしろ投機手段としての認識の方が大きく、あまりよい印象を持たれていないようですが、貨幣の歴史を考えてみますと、今後の動向には一定の注意を払っておいた方がよいのではないかという気がします。

（＊1）財務省　日本銀行券の製造枚数　https://www.mof.go.jp/policy/currency/bill/lot/index.html

（＊2）日本銀行　第１３６回事業年度（令和２年度）財務諸表
https://www.boj.or.jp/about/account/zai2105a.htm/

（4）お金は感謝のしるし

4つ目の「お金の役割」

〝お金は感謝のしるし〟なんてことを言うと、「それはきれいごとだろう」とか「そんな甘い話じゃないよ」という人はいるでしょう。中には「なんか宗教っぽくて気味が悪い」と感じる人がいるかもしれません。

でも、あえて失礼なことを言わせていただくと、「お金が感謝のしるし」ということを理解していない人は、残念ながら「あまりお金のことを真剣に考えていない人」、そして「お金に振り回されている人」だと思います。そしてこのことがわかっていないと、多くのことを見落としてしまいかねません。

本章の（1）で、お金の役割には3つある、ということを書きました。その3つとは、①取引と決済、②価値の尺度、そして③価値の保存でしたね。これは純粋にお金が持っている本質的な機能といっていいのですが、じつはお金にはもう1つ、4つ目の役割があるのです。

それが「**感謝の表明**」です。

じつはこの感覚は、なかなかわかりにくいと思います。なぜなら、世の中にある商品やサービスにはすべて価格が付いているからです。「これが欲しいからこれだけのお金を払う」、あるいは「これだけのお金を払ったのだからこのサービスが受けられる」と考えるのが普通でしょう。そこになぜ「感謝」が入り込むのか、いまひとつわからないという人は多いと思います。

では、こんな場合はどうでしょうか。

道ばたにストリートミュージシャンや大道芸人がいます。多くの場合、彼らが自分たちの芸を見せるのに、料金がいくらと決まっているわけではありません。いってみれば「投げ銭方式」で、よいと思ったらお金を払うけれど、つまらないと思ったなら払わない、というやり方です。

この場合、お金を投げるのは楽しんだ人だけですね。「よい歌を聴かせてくれてありがとう」「よい芸で楽しませてくれてありがとう」と思うから、お金を払うわけです。理屈でいえば、感動の大きさによって投げる金額も違ってくるのでしょうが、それについてはあまり厳密には考えられません。金額には、その人の感動の度合いだけでなく、ふところ具合も影響するからです。

ただ、決められた料金を払うのではない、こういった大道芸の「投げ銭」は、まさに感謝の気持ちの表明といっていいでしょう。

〝楽をしてお金を儲けることができない〟理由

わかりやすい話にするために、大道芸を例に挙げましたが、結局、お金を使うということは、大なり小なり、感謝の気持ちが伴うものなのです。お金を使う、つまり支払う側は、「何かをしてもらったことに対して御礼をする」からお金を払うわけですし、お金を受け取る側は、「相手に満足してもらった、あるいは喜んでもらった御礼」が代金なので、それを受け取ることになるのです。

よく「楽をしてお金を儲けることはできない」といいます。それはなぜかといえば、自分が楽をしたければ、相手にお金を払わなければならないからです。逆に、相手に楽をさせてあげるから、その感謝の気持ちとして相手からお金がもらえるわけです。だから、自分が楽をすることでお金をもらえるということはあり得ないのです。

私たちの日常生活においては、モノやサービスとお金のやり取りについて、こんな風に踏み込んで考えることはほとんどありません。どんな場合でも常に、モノやサービスはそこ（市場）にあり、値が付けられています。私たちはお金とモノやサービスとのやりとりという極めて無機質な関係の中で、日々の暮らしを送りがちになってしまっています。

ところがモノは必ずそれを作る人がいますし、サービスはもっと直接的に相手に何かをしてもらう行為ですから、どんな場合でも常に人が介在するのです。

そこで、この〝介在する人〟を中心に考えてみると、かなり風景が違ってきます。

お金のむこうに人がいる

米投資銀行のゴールドマン・サックスでかつてトレーダーをしていた田《た》内《うち》学《まなぶ》さんという人がいます。その人が書いた『お金のむこうに人がいる』（ダイヤモンド社）という本はとても面白い本です。

金融ビジネスのど真ん中にいた人だからこそ、お金のことを普通の人よりも深く考えることができた結果、書かれた本といってもよいでしょう。私自身も長年、金融ビジネスの世界で仕事をしてきましたから、その感覚は本当によくわかります。

田内さんは、経済の専門家や金融にまつわるビジネスに携わる人たちの多くは、おそらく経済を考える時に「人間」の存在を考えていないだろうと言います。また彼は、「お金に解決できる問題はない。お金を渡した人間が問題を解決するのだ」とも言います。

そう、まさに大事なのはお金ではなくて、人間です。

これは考えてみればその通りです。経済やお金というのはそれ単体で存在するわけではなく、そこには必ず人が関与したり、我々の生活が関与したりするからです。

私は時々セミナーで、「経済学部を出ていない経済評論家やエコノミストがいるのはなぜでしょう？」という話をします。これは経済学がいい加減な学問だと言いたいわけではありません。経済というものは人や生活が関与するものなので、経済学を学んでいなくても経済を語ることは可能なのです。経済学というのは私たちと私たちの生活を考える学問だからです。したがって経済を考える時には、常にその中心にあるのは「人とその生活」なのです。

田内さんはこうも言います。

「お金は偉くない。そして経済はお金ではなく人を中心に考えなくてはいけない」

「働く人の存在を無視してお金だけを見ていても何も解決しない」

すなわち、お金とモノやサービスは、単に機械的に交換されているわけではなく、誰かが働いているから、私たちがそれらを手に入れることができるし、また私たちが働いているから、それを人に与えることができる。お金はそれらをスムーズに流すための媒体にすぎないということなのです。

このように考えると、企業も同様です。

企業の存在意義は、「世の中にある課題を解決する」ことにあります。だからこそ、人々はその会社が生み出す製品やサービスに対価を支払うのです。

企業活動および企業に投資をすることも、その裏側にあるのは、「課題を解決してくれるから、その御礼としてお金を払う人が増えた結果、その企業の利益が大きくなる」ということに賭けるからです。

つまり、そうやって世の中の課題を解決する企業だから利益を生み、成長するということになるわけです。

別な言い方をすれば、儲かっている企業というのは、たくさんの人の課題を解決し、その感謝のしるしであるお金が積み上がっているから儲かっているのです。

感謝のやりとりだと考えると、心の痛みが和らぐ

また、少し視点を変えてみて、私たちの日常における消費行動を考えてみましょう。

行動経済学の「プロスペクト理論」では、人間は誰もがその特徴として強い損失回避性の心理があるとされています。これは第1章でもご紹介しましたね。

つまり人間は、同じ金額でも、それが儲かる喜びよりも損をする悲しみの方が何倍も大きいということです。

買い物をする場合にも、どうしても欲しかったものや楽しみにしていたものを買う場合にはうれしいでしょうが、日用品や毎日の食品を買う場合には、買うこと自体の喜びはあまりありません。むしろレジで財布からお金が出ていくことに対して、わずかながらでも心の痛みを感じているかもしれません。

でもよくしたもので、逆にそういう心の痛みがあることによって、買い物をする時はよく検討してから買うということもあります。電子マネーは便利だけれど、不都合なこともあるといわれるのは、支払う際の心の痛みがないからでしょう。

でもこれらのことは、まさに「お金を中心に」考えるとそうなるかもしれませんが、「人を中心に」考え、その人たちに対する感謝のしるしがお金だと考えると、どうなるでしょう。

誰かが作ってくれた品物。そしてその品物を雨の日でも嵐の日でも届けてくれる宅配業者の人。そういう人たちが働いてくれているから、自分の欲しいものや必要なものが手に入ると考えると、これはありがたいという感謝の気持ちが出てくるでしょう。

そういったモノやサービスに対して支払う対価は、間違いなく感謝のしるしだといえます。お金を払うことが感謝の表明だとすれば、お金が減ることによる心の痛みも、いくらかは和らぐのではないでしょうか。

お金が感謝のしるしであるとすれば、お金のやりとりをすることは、感謝のやりとりをすること、と言い換えることができます。したがって、私たちの生活の中でお金のやりとりが増えることで、よい結果が生まれてくるかもしれません。

そしてお金のやりとりを増やすというのは、必ずしもお金を使って買い物をすること、すなわち消費だけではありません。

次節ではそのテーマについて考えてみたいと思います。

（５）可愛い子には旅をさせよ

お金は血液

前節で田内学さんの『お金のむこうに人がいる』という本を紹介しましたが、本当にお金というのは、お金それ自体だけで存在しているわけではなく、人と人との活動の中にその媒体として存在しているものなのです。

社会全体の中で「お金とは何か？」を人間の身体にたとえていうと、「血液」だといっていいでしょう。

血液というのは、体中のあらゆる臓器に酸素と栄養を運んでくれます。お金も、世の中のありとあらゆるところへ〝価値〟を運んでくれるものです。働いた結果生まれる価値が、金銭に換算されて世の中に回る。これはまさに血液の役割と同じことだと思います。

人間は血液がなければ死んでしまいます。そして何らかの障害や病気で血液が回らなくなってしまった部位は壊《え》死《し》します。

お金も同様で、お金が行かなくなると、そこは間違いなく潰《つぶ》れてしまいます。企業が倒産するのは、必ずしも赤字だからではありません。赤字でもお金が回っているうちは倒産することはありませんが、お金が回らなくなると破綻してしまうのです。

血液もお金も、それ自体が単体で存在していても意味はありません。身体中に回ってこそ血液がその役割を果たせるのと同様、お金は人と人との間でやりとりしてこそ、つまり世の中に回ってこそ、その存在に意味が出てくるのです。

植物が生長するのと違い、目の前に現金を置いておいても、いつまで経っても自然に増えるわけではありません。お金を増やしたいのなら、世の中にお金を回していかなければいけないのです。

世の中にお金を回す４つの方法

では世の中にお金を回すには、いったいどんな方法があるでしょう。

誰でもすぐにピンとくるのは、お金を使うこと、すなわち消費です。

物を買ったり、ご飯を食べたりすることで、それを販売している人だけではなく、作った人、その品物を運んだ人にもお金は回りますし、レストランで食事をしても、そこで働く人だけでなく、食材を購入した先や食材を生産した人にだってお金は回るからです。

２つ目の方法は「投資をすること」です。

投資というのは「いますぐに必要としないお金を、いま必要としている人に回してあげる」ということです。

先ほど「お金は感謝のしるし」といいましたが、投資の場合は、お金を回してもらった御礼に、感謝のしるしとして「配当金」が支払われるわけです。もちろん投資をしてもらった側は、その回してもらったお金を使って事業をし、たくさんの利益を上げようと努力します。それがうまくいけば、結果として株価も上がりますから、お金を出してくれた人に喜んでもらえることにもなります。

そして３つ目のお金を回す方法は「預金」です。

「貯蓄から投資へ」というキャッチフレーズによって、何だか預金は世の中のためにならないかのように思っている人がいるかもしれませんが、決してそうではありません。

預金というのは、個人が銀行にお金を貸し、銀行はそのお金を企業や個人に貸すという構造になっています。したがって、間に銀行が入るものの、これも世の中にお金を回していることに変わりはありません。

個人が直接企業に投資するやり方を「直接金融」といいますが、預金は銀行が間に入って融資をするので、これは「間接金融」といわれます。したがって、どちらもお金を世の中に回すという点では同じなのです。

ところが最近は、間接金融自体が昔ほど機能しなくなっていることもあり、加えてこの超低金利ですから、お金を出す側から見ても、間接金融に昔ほどは魅力がなくなってきているのは確かでしょう。前述のような「貯蓄から投資へ」という流れが出てきている背景の1つが、ここだと思います。

寄付で世の中にお金を回す

最後、4つめの方法は「寄付」です。

そしてこれも、投資同様、「いますぐに必要としないお金を、いま必要としている人に回してあげる」ことですから、よく考えてみると、「投資」と「寄付」は同じことなのです。

寄付は投資と違って、金銭的な見返りはありませんが、回してもらった人からは感謝の気持ちが返ってきます。場合によっては手紙が送られてきたりします。これも世の中にお金を回す大事な行為だと考えてよいでしょう。

ところが残念なことに、日本人は投資も寄付もあまりやりません。第1章の（4）でもお話ししましたが、諸外国に比べると、日本人が投資をする割合は非常に低いのです。そして寄付になると、さらにひどい結果になります。

英国に本部のある「Charities Aid Foundation」という団体が、毎年「World Giving Index（世界寄付指数）」（＊1）というものを発表しているのですが、２０２２年のデータを見てみると、寄付した金額で、日本は１１９カ国中なんと１０３位なのです。

ちなみに、寄付の上位ベスト3の国は、1位インドネシア、2位ミャンマー、3位オランダとなっています。日本よりも貧しい国がほとんど上位に来ており、先進国の中では日本は最下位です。

投資も寄付もしない。すなわち**日本人は、〝人のためにお金を使う〟ということをいかにしていないか**、ということがわかります。

「いや、それはそうかもしれないけど、日本人だって寄付はともかく、ボランティア活動には熱心だし、街中でも人に親切にしているよ」という人がいるかもしれませんが、このデータによれば、「Volunteering Time＝ボランティアで活動する時間」は83位ですし、

「Helping a stranger ＝見知らぬ人を助ける」にいたっては、何と１１８位と、最下位から２番目なのです。

日本人はお金が大好き

この数字を見る限り、海外の人から見ると、日本人は薄情で金の亡者としか見えないでしょう。でも私は、必ずしもそうではないと思っています。

たしかに日本人は、投資も寄付もしないというのは事実です。でもそれは、薄情だからでも意地が悪いからでもなく、お金の意味と本質があまりよくわかっていない人が多いからではないかと思うのです。

だからこそ私は、この本を書きたかったのです。

寄付については、あとの章でまたあらためてお話ししますが、その他の３つについては、〝お金を世の中に回す〟という意味ではとても重要なことだと思います。消費や投資ほどではないにしても、預金でも別にかまわないのです。最悪なのは、現金をそのまま抱え込んでしまうことです。

ところが、世の中には現金を後生大事に抱え込んでいる人が多いようです。日銀が２０２

2年3月に発表した、２０２１年末時点での数字によると、個人を中心に、企業や団体などが、銀行にすらお金を預けず、現金のまま保有しているお金、いわゆるタンス預金が、１２０兆円以上もあります。この金額は、オランダやスイスのＧＤＰをはるかに上回る金額です。それだけのお金が〝**現金**〟で家庭に眠っているのです。

はっきりいって、このお金はまったく何の意味もありません。現金のまま置いてあるだけでは、何の価値も生み出さないからです。

それに、家の中に現金を置いておくことは、たくさんのリスクがあります。盗難、地震、火災、風水害といった災難の前には、現金はなすすべがありません。それに将来のインフレに対してだって、現金ではまったく無力です（20〜30年単位の長期で見れば、預金でも決して物価上昇には負けていません）。

可愛い子には旅をさせよ——成長して戻ってくる

お金は世の中に回してこそ役に立ちます。世の中に回すから、成長して増えて戻ってくるのです。だからお金が大好きなのであれば、お金が可愛いのなら、それを世の中に回すべきなのです。まさに〝可愛い子には旅をさせよ〟なのです。

旅をさせるやり方には４つあると言いましたね。このどれでもよいと思います。

ただ、預金では、世の中にお金を回すパワーが弱いことは間違いありません。やはり消費なり投資なり、そして少し違った視点から「寄付」も考えるべきだと思います。

こう言うと、「でも老後のことが心配だから、やっぱり現金と預金は持っておきたいよね」という人が多いと思います。でも本当にそうなのでしょうか。

次の章ではそのあたりをじっくり考えてみたいと思います。

（＊1）World Giving Index
https://www.cafonline.org/about-us/publications/2022-publications/caf-world-giving-index-2022/

第3章

〝お金を増やしたい〟という呪縛

——お金の増やし方の決定的な間違い

(1) 誰もが物語に惑わされている

正体不明の不安

イェール大学の教授でロバート・J・シラーという人がいます。米国の一戸建て住宅の再販売価格動向を示す指数である「ケース・シラー指数」を作った人ですが、そのシラー教授が最近『ナラティブ経済学』(東洋経済新報社)という本を書きました。

「ナラティブ」というのは「物語」という意味で、シラー氏は著書の中で「ある社会、時代などについての、説明や正当化を行う記述のための物語や表象」と表現しています。

少し表現が難しいのですが、簡単にいえば、「バブル」とか「恐慌」といった経済的な現象の多くは、人々がある物語を信じ、それが広く世の中で信じられていくことで起こるということを表しています。

たとえば、2000年頃に起こった「ドットコムバブル」(日本ではITバブルといわれていました）の頃は、ＩＴ技術の進歩で、関連する銘柄はどこまでも上がると信じられていましたし、アメリカでも日本でも長い間「土地神話」があって、土地は常に値上がりするということが信じられていました。

彼は、さまざまな経済現象を分析するには、単に数字やデータだけではなく、そうした人々の行動を支配しているその時々の流行《はや》りの物語を、解析の対象に取り込む必要があるといいます。

つまり、「どうしてそんな流行が起きたのか？　人々はどうしてそれを信じているのか？」といったことですね。

私がその本を読んで感じたのは、この数十年にわたって続いてきた「**老後不安**」というのが、じつは現代日本における最大のナラティブ（物語）なのではないだろうかということです。そしてその正体不明の不安があるから、「誰もがお金を増やしたい」という漠然とした空気に支配されているのではないかという気がするのです。

「老後」は不安だけれど、関心はない

ここで、とても面白い現象があります。私は年間１００回以上も各地で講演をしています

が、そのうちの約半分ぐらいが、「老後のお金」がテーマの講演です。参加者の多くは50代ぐらいの方々ですが、私はよく参加者の人に質問をします。

「みなさん、老後は不安ですか？　そう思う方は手を挙げてください」と言うと、ほとんどの人が手を挙げます。

　ところが、次に「では、みなさん、自分が受け取れる年金額を知っていますか？」、そして「毎月の支出をきちんと家計簿につけていますか？」と聞くと、ほとんどの人が逆に手を挙げないのです。

　でもこれは非常に不思議な現象です。なぜなら、老後が不安だというからには、実際の収入と支出がはっきりとわかっているから不安になると考えるのが自然だからです。たとえば、「年金はこれだけしかない。自分の貯蓄はこれだけ。そして生活費がこれぐらいかかる。トータルで考えるとこれぐらい不足する。このままではいけない、どうしよう！」と考えるから、不安になるはずです。

　ところが実際には、年金の額も生活費も把握していないというのですから、これでは不安も何もあったものではないはずです。

「あ、なるほど、みなさん、老後は不安ではあるけれど、関心はないんですね」と少し皮肉っぽく言うと、みなさん苦笑いされます。つまり、自分についての実態はよくわかっていないのだけれど、何となく、老後不安という「物語」に不安を感じているのです。

「老後2000万円問題」も、単なる作り話

典型的なのが、2019年に起こった「老後2000万円問題」でしょう。

私は当時から、「そんな問題は存在しない」と言い続けてきました。

そもそも、あの問題が起きたのは、「金融庁の報告書に載っていた図を見ると、毎月の年金収入よりも支出の方が約5万5000円多い、だから老後の30年間では2000万円が足りない」といわれたことがきっかけです。

ですが、「収入よりも支出の方が多いから、2000万円足りない」というロジックそのものがおかしいのです。年金以外に収入のない世帯で、毎月5万5000円も不足を続けていたら、いったいどんなことになるでしょう。最後は消費者金融にでも駆け込むしかなくなってしまいます。

でも、収入は少なくても貯蓄をたくさん持っていればどうでしょうか。

じつは、あの図に表されているモデル世帯は、平均貯蓄額として2500万円持っている

図１　公的年金・恩給を受給している高齢者世帯における公的年金・恩給の総所得に占める割合別、世帯数の構成割合

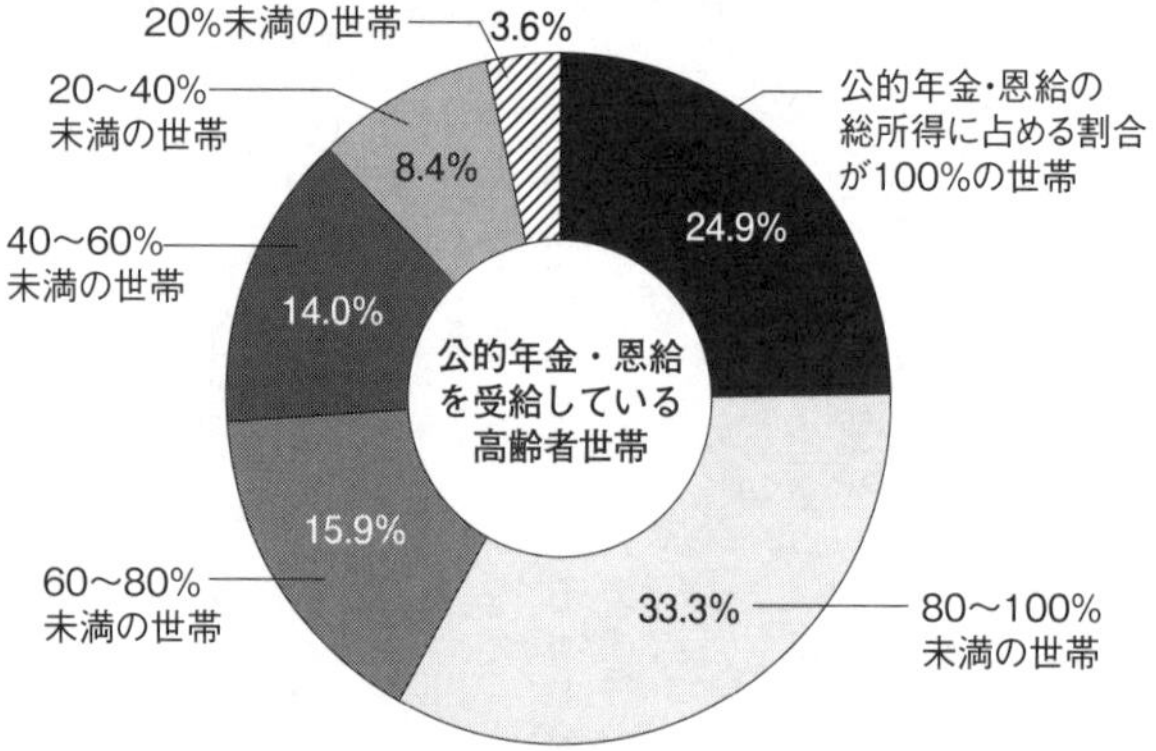

出所：2021年　国民生活基礎調査の概況（厚生労働省）より
https://www.mhlw.go.jp/toukei/saikin/hw/k-tyosa/k-tyosa21/index.html

ということが、図の中にも書かれているのです。

　つまり、２０００万円足りないのではなく、２５００万円も貯蓄を持っているから、毎月の支出が５万５０００円オーバーしても大丈夫。……というより、その２５００万円を取り崩しながら使っているから支出が多くなっている、というだけのことなのです。

　もし貯金がゼロだというのなら、受け取る年金の範囲内で生活すればいいだけの話です。現に65歳以上の夫婦世帯では、年金による収入が、収入の8割以上を占める世帯は、6割近くあります（**図1**）。じつは、毎年の調査では、年金だけで収入の１００％を占める世帯は半数ぐらいはあるのですが、この図の調査は2020年に実施されたものなので、コロナ禍による特別定額給付金が入ったために、年金収入の割合は少し減っているのです。とはいえそれでも、その多くは年金収入のみで生活をしているのです。

私は現在71歳ですが、65歳から受け取れる公的年金は、70歳になるまで一銭も受け取ってきませんでした。ですが、実際に公的年金だけでも生活できるということを、自分自身で証明してやろうと思い、ある社会実験を行ないました。

どうしたかというと、私は自分が経営する会社から、自分の給料をもらうようにしています。つまり自分で自分に給料を払っているわけですが、その金額を月額24万円に設定したのです。これは、「もし自分が年金を受け取っていたとしたら」という金額が、およそ23万円ぐらいだったので、その金額に合わせたわけですが、夫婦2人でまったく問題なく、赤字にもならずにこれまでずっと生活できています。したがって、誰もが「2000万円足りない」というわけではないのです。

にもかかわらず、なぜか「2000万円問題」が炎上してしまったというのも、そこに、ある種のナラティブといえる「老後不安」があったからでしょう。

〝わからない〟から物語に頼ってしまう

よくよく考えてみると、「老後不安」というのは、とてもよくできた物語です。なぜなら、人は誰しも、自分が経験したことがないものに対しては不安を持つのは当然だからです。老後というのは誰にとっても、これから行く未知の世界ですから、不安になるのは仕方がないでしょう。

もちろん、収支予測をきちんとすれば、それほど心配する必要がないということは数字でわかりますが、未来のことは誰にもわかりませんから、予想できない事態が起こるかもしれないという不安は、いつまで経ってもつきまといます。

一方、すでに60代、70代になって、年金で生活している人は、「老後が安心だ」とは決して言いません。そうでなくても年金受給世代は、若い人から「逃げ切り世代」などといういわれのない批判を受けていますから、「年金もらってありがたい。楽しい老後だ」などということは、思っていてもあまり言えないのです。ですから、常に「老後不安」を顔に出して、ひっそりと暮らしているという人が多いと思います。

それに、すでに年金を受給している世代だって、ひょっとしたら今後、年金が大幅に減額されてしまうのではないかという不安を持っています。でも、実際はそんなことはまったくありません。もし不安に思うのなら、拙著『知らないと損する年金の真実』（ワニブックス）に、きちんとしたエビデンスも示しながら解説をしていますので、ご覧になってみてください。

介護も実態をよく考えてみよう

また老後不安についていえば、年金以外のもう1つの不安が介護です。これは年金に比べて少し厄介です。というのは予測が困難だからです。

人間は誰でも年を取り、いずれは働けなくなります。だからこそ「年金」という制度があり、これは死ぬまで支給される仕組みになっているわけです。

ところが介護というのは、誰にでも必ず訪れるものではありません。自分が将来「要介護」の状態になるかどうかは、誰もわからないのです。ただ、そうなった場合を想定して、どれぐらいの金額が必要なのかは知っておいた方がよいでしょうから、調べてみました。

公益財団法人「生命保険文化センター」のホームページに載っている「リスクに備えるための生活設計」を見てみると、80～84歳までの間で要介護になっている人の割合は26・4％となっています。約4人に1人ということですね（**図2**）。

一方、介護に必要なお金は？　というと、本人負担分が月額8・3万円、一時金として必要なのは74万円が平均となっています（図3）。さらに、介護期間の平均が5年1カ月ということですから（図4）、かかる費用を全部合計してみると、約５８０万円になります。ということは、介護にかかる費用のメドとしては６００万円ぐらいということになります。

もちろん介護期間も金額もあくまでも〝平均〟であって、最頻値ではありませんから、人によって状況はさまざまでしょう。でも男性でいえば、平均寿命が81・47歳だということを考えれば、80代前半での要介護比率が26・4％という数字を見る限り、多くの人は実際には介護されることなく亡くなる可能性の方が高いだろうと思います。

結局、先のことは誰もわからないという不安は、どこまでいってもなくならないから、「老後不安」という物語を信じてしまうのでしょう。

老後を過剰に心配しすぎない

しかしながら、どこまでいっても得体の知れない「老後不安」という物語に脅《おびや》かされ、ひたすらお金を増やそうと考え、引退したあとも節約に励み、お金を使わずにいた結果、死

図2　年代別人口に占める要支援・要介護認定者の割合

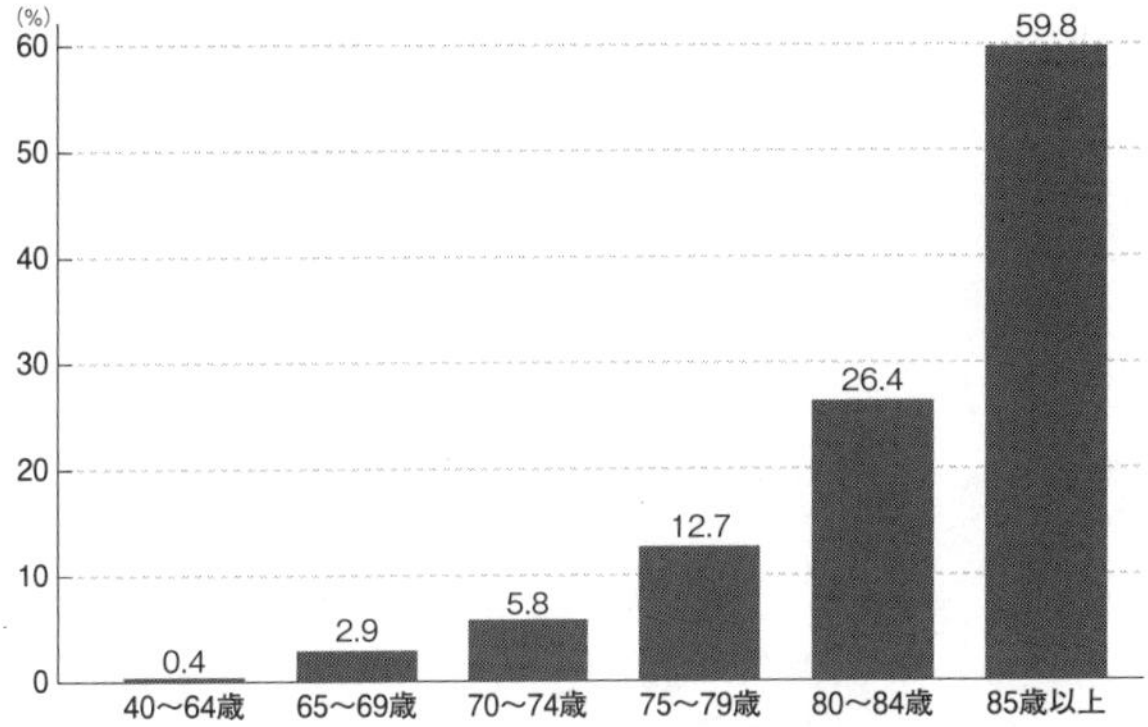

〈厚生労働省「介護給付費等実態統計月報」、総務省「人口推計月報」の各2021年10月データを元に作成〉

図3　介護に要した費用（公的介護保険サービスの自己負担費用を含む）

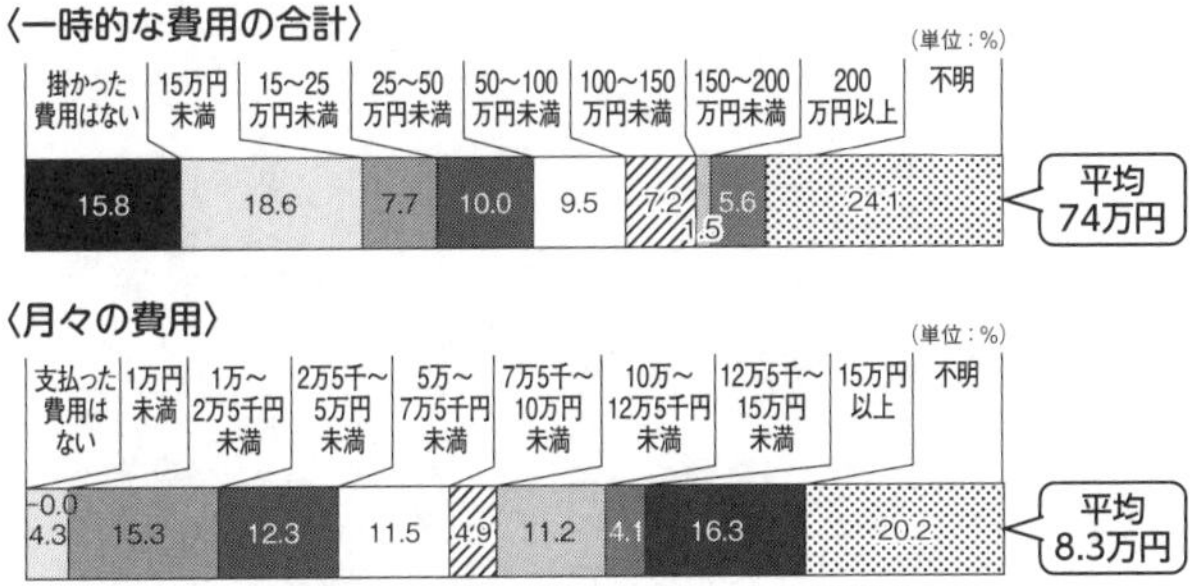

注：それぞれ「掛かった費用はない」、「支払った費用はない」を0円として平均を算出。

〈生命保険文化センター「生命保険に関する全国実態調査」（2021年度）〉

図4　介護に要した期間

〈生命保険文化センター「生命保険に関する全国実態調査」（2021年度）〉

出所：（図2～図4）：公益財団法人 生命保険文化センター「リスクに備えるための生活設計」より
https://www.jili.or.jp/lifeplan/lifesecurity/index.html#anchor-nursing

ぬ時に一番お金をたくさん持っていた、というのではあまりにも悲しすぎます。老後不安という物語に、過剰に怯《おび》える必要はないと思います。

少なくとも現時点で、将来の収支を予測することは可能です。特に、働いて得る収入はブレるでしょうが、年金収入というのは基本的には物価連動ですし、最も安定しているものですから、過剰に心配することはないのです。また、介護についても前述の通り、1人600万円ぐらいを用意しておくことを心構えとしていれば、それほどひどいことにはならないでしょう。

もちろん、将来は予測できない、不確実なものであるのはその通りですが、老後を心配し、お金を増やしたいという気持ちばかりを過剰に持ってしまうことで、勧められるままに変な金融商品を買わされたり、不要な保険にたくさん入ってしまう可能性が出てきます。私はそのことの方が、老後不安よりもよほど深刻で問題は大きいと思います。

(2)「FIREに憧れる」という勘違い

増える「FIREしたい」人々

前節で、お金を増やしたい理由が老後不安にあり、それは〝物語に惑わされている〟ことがその原因であるというお話をしましたが、じつは、もう1つの「お金を増やしたい理由」が最近急に増えてきています。

それが「FIRE」と呼ばれる現象です。

FIREというのは「Financial Independence, Retire Early」、すなわち経済的に自立を果たして早く仕事を引退する、という意味です。

なぜ、仕事を早く引退したいのか？

FIREという言葉は、もともとアメリカで生まれた言葉であり、ライフスタイルの名称です。それがこの数年、日本でもあっという間に拡がり、米国で出版されたＦＩＲＥに関する本も、多く翻訳されるようになりました。

これについては私の前著『となりの億り人』（朝日新書）でも取り上げましたが、日本でのＦＩＲＥのブームの背景には、「まず、早く今の仕事を辞めたい、そのためにお金をたくさんこしらえておきたい」という考えがあるようです。すなわち「経済的な自立を指す〝ＦＩ〟」よりも「早く引退することを表す〝ＲＥ〟」の方に重点が置かれているようなのです。

この理由としては、前著でも書きましたが、サラリーマンには自己決定権や仕事の裁量権が少ないため、仕事が面白くない、だから早く仕事を辞めたいと考えているのではないか、と推察しました。

ところが前著を書いたあと、さらにもう少し考えてみると、少し違った面が見えてきました。

第１章の（５）でもお話ししたように、本来、日本人のＤＮＡの中には、「勤労が美徳」という感覚が擦《す》り込まれています。そもそも「若いうちは必死で働いて早く引退し、老後はフロリダあたりでののんびり暮らしたい」というアメリカ人であれば、早くリタイアすることを目指すというのはわかりますが、日本人はちょっと違います。元気で働けるのであれば、仕事のペースは落としても働きたいという人が多いですし、実際にサラリーマンの多くは、60歳で定年を迎えたあとも会社に残って働いています。60～64歳で働くサラリーマンの割合は、８割を超えるといわれています。

にもかかわらず、なぜＦＩＲＥがブームになるのか、それも「ＦＩ」よりもむしろ「ＲＥ」が主たる目的のように見える人が多いのはなぜでしょうか。

現在の仕事に対する閉塞感

その原因をズバリ言えば、今やっている仕事に対する閉塞感があるからではないかと思います。日本は「失われた30年」という言葉に表されるように、長い間、経済成長は停滞しています。生産性を示す１人あたりのＧＤＰも、１９９０年の８位から、２０２０年には24位と大幅に順位を下げています（＊1）。必然的に賃金も上昇していません。

なぜそんな状況になっているかというと、それは日本企業、特に大企業の多くが、イノベーションを生み出していないからです。失われた30年の間にも優秀な企業は誕生し、優れたビジネスモデルを持った新しい会社は出てきていますが、残念なことにそれがマジョリティにはなっていないのです。形だけの成果主義が導入され、現在話題になっているジョブ型雇用というのも、その本質はほとんど理解されていないため、やはり正しい形で定着することは難しいだろうと思います。

大企業では相変わらず、昭和世代のおじさんが幅をきかせています。高齢化した団塊世代が企業のトップを占め、１９９０年前後のバブル世代に大量入社した世代が管理職で、自分たちの上にのしかかっているという状況では、比較的若い世代の人たちにとって、閉塞感を覚えるのは無理のないことでしょう。

もちろん中には、非常に強い意欲を持ち、企業を飛び出し、独立して起業する人もいます。しかしながら、そこまでリスクを取って思い切ったことができる人はごく少数なので、多くの人は早く儲けて会社を辞めたいと考え、ＦＩＲＥに憧れることになります。

「経済的な自立」とはどういうことか

ＦＩＲＥで大事なのは最初の「ＦＩ」、すなわち経済的自立であり、仕事が嫌だから早く辞めたいという後ろ向きな考え方ではありません。経済的な自立を可能にすることで、今後の生き方の選択肢が増えるというのが本来の意義です。

実際に、サラリーマンでありながら数億円の資産を作った人というのはいますし、私もそんな人たちに今まで何人もインタビューしてきました。そんな人の中には、経済的には自立できる環境にはありながらも、今の仕事に不満があるわけではないので、別に仕事を辞めたいとは思わないという人もいます。そういう人たちは、仮に将来、部署や上司が代わって不本意な仕事をやらされるようになれば、いつでも辞められるというオプションを手にしているのですが、今は別にそのオプションを行使する必要がないと思っているだけです。

　つまり彼らの場合は、「お金を増やす」こと自体が目的になっているのではなく、人生において、選択肢を広く持てるようにするための手段の1つとして、資産形成をしているということにすぎないのです。

　これは言い方を変えれば、人生で一番大事なことは「自由」だという人生観であり、お金を持っていればいつでも自由にふるまえる、ということを表しています。

　もちろん、みんながみんな、そういう人生観を持っているわけではありません。人はそれぞれですが、私は少なくとも、人生においては「お金が第一で、何よりも優先するものだ」という考え方は間違っていると思います。あくまでも自分のやりたいことを実現するために、お金を増やすと考えるべきでしょう。

いくらあればＦＩＲＥが実現するのか

　では、実際にＦＩＲＥするためには、どれぐらいのお金があればよいのかということですが、これもじつをいうと人それぞれで、別に金額が決まっているわけではありません。でも、アメリカなどで読まれているＦＩＲＥの本によれば、一般的には年収の25年分を蓄えることを目標とし、そのお金を年率４％で運用しながら取り崩すことで、お金を減らさずに一生、安定した生活を送ることができるとされています。

　つまり、年収が４００万円の人であれば、その25年分、１億円を蓄え、そのお金を年率４％で運用すれば、計算上は毎年４００万円が入ってくるので、元金を減らさずとも生涯働かずに暮らせる、ということになります。

　でもこれはあくまでも単純計算の話です。実際に考えてみると、いくつかの問題点があります。

資産形成も資産管理もそれほど簡単ではない？

①１億円貯められますか？

毎月15万円ずつ積み立てて、年利４％で運用できた場合でも、１億円に到達するには30年かかります。毎月15万円はとても無理なので、10万円でということになると、年利６％で運用しなければなりません。これはかなり厳しい条件です。

②短期で利益を上げることの困難さ

うまくいったとしても30年もかかるのであれば、30歳からスタートしても完了するのは60歳ですから、定年ということになり、これではＦＩＲＥにはなりません。

さりとて短期的に利益を上げようとして、仮想通貨やＦＸなどの投機で資産形成をするというのも、ほぼ再現性はありませんので無理でしょう。むしろそういう無理な運用手段に勧誘されて乗ってしまうことの方が、はるかにリスクは大きいと思います。

③４％での運用を維持することが可能か

あとは、仮に１億円の資産形成ができたとしても、それを年率４％で運用を続けることが可能かどうかという問題もあります。絶対に不可能というわけではありませんが、長い間にわたって株式市場で運用をすれば、価格変動の波に見舞われ、短期的には３分の１ぐらい下落することも十分あり得ます。３０００万円以上の含み損を抱えて、精神的にも経済的にも耐えられるかということは大きな懸念です。

結論からいうと、１億円という金額を目標にしても仕方ありませんし、ＦＩＲＥ自体が必ずしも理想のライフスタイルでもないと思います。もちろん本気でＦＩＲＥをしたい、それが自分の人生の目標だというのであれば、それにチャレンジすることは悪くないと思います。でもＦＩＲＥそのものを目標とするのではなく、「自分がやりたいことの選択肢を考えると、その実現のための１つの方法がＦＩＲＥ」ということでいいのではないかと思うのです。

事実、金額を目標にしてお金を増やそうとすると難しいですが、「お金を増やす」ということ自体はそれほど難しいことではないのです。

そのあたりを次に考えてみましょう。

（＊１）ＩＭＦ統計による１人あたりＧＤＰ（Global Note より） https://www.globalnote.jp/

（3）お金を増やすのはそれほど難しくない

定年時に貯金がなくても不安はなかった理由

第1章の最初に、今の時代、マネー本が大流行だと書きました。なぜなのかについてはこれまで説明をしてきましたが、おそらく今後も、次から次へと「お金の増やし方」というような本はたくさん出てくることでしょう。

でもじつは、お金を増やすのはそれほど難しいことではないのです。

これを言うと、「それはお金を持っているからそんなことが言えるのだ」と思われるかもしれませんが、決してそういうわけではありません。

私自身、何度か自分の著書に書いてきましたが、家庭の事情があったために、60歳で定年退職した時には貯金はほとんどありませんでした。「老後は2000万円足りない」と話題になりましたが、私は2000万円どころか150万円しか持っていなかったからです。

でも、それについてはまったく不安に思っていませんでした。理由は２つあります。

１つは、定年の時点で将来にわたる収支を自分なりにきちんと把握していたこと、そしてもう１つ、それが「お金を増やすことはそれほど難しくない」と思っていたからです。

本書はお金の増やし方の本ではありませんので、あまり詳しくは述べませんが、この節ぐらいは、「増やし方」についての原理原則を述べてみたいと思います。

お金を手に入れる5つの方法

お金を手に入れるには、いったいどんな方法があるでしょう。

ちょっと思いつくままに書き並べてみると、たぶん、５つぐらいになると思います。

1. 働く
2. 貯める
3. 増やす
4. 騙《だま》し取る
5. 盗む

いうまでもなく、このうち、4と5は犯罪です。世の中にはそういうことをして財産をこしらえたという人もいるかもしれませんが、悪いことをすればいずれ捕まりますから、この2つはまったくの論外です。

では残りの3つですが、もう少し丁寧に考えてみましょう。

「1．働く」というのは、文字通り、働いて稼ぐ、収入を得るということです。どこかに雇われて働こうが、農業や漁業で働こうが、自営で商売をしようが、いずれにしても何らかの方法で働いて収入を得るということです。

「2．貯める」は、もう少し丁寧にいうと、働いて稼いだお金の中から、一定の金額を貯蓄に回していくということです。

「3．増やす」は、具体的にいえば、2で貯めたお金を運用する、もっと直接的にいえば、投資をするということです。

この中で、最も土台になるのは、いうまでもなく「1」の「働く」です。これは当たり前です。一生遊んで暮らせるほどの財産を親から相続したのでなければ、誰しも働かざるを得ないからです。

そして、順序としても、「１．働く」があるから「２．貯める」ができるわけですし、「２」の結果、貯めたお金を「３．増やす」、すなわち投資に回すことができます。したがって働くことが一番の土台になることに議論の余地はないでしょう。

でもじつは、重要なのは「働く」ことよりも、「貯める」ことと「増やす」ことなのです。

そのあたりをもう少し詳しくお話ししていきましょう。

誰もが高収入の仕事を探すことばかり考えている

お金を手に入れるために最も土台になるのは「働く」ことだといいましたが、多くの人は、この部分を誤解しているように思えてなりません。

たしかに働かない限り、収入は入ってきませんから、そういう意味では土台であることは間違いないのですが、とにかく収入を増やすことばかり考えようという人が多いからです。

でも、この部分が最も重要なわけではありません。収入の多寡よりも、むしろどれだけきちんとお金を貯めるようにしているか、そしてそのお金を増やすことを考えているかの方が、より大切だからです。

実際に、年収が３００万円ぐらいでも、金融資産を２０００万円ぐらい持っている人はざらにいますし、逆に年収１０００万円でも、貯蓄がほとんどないという人もいます。したがって、年収を増やすこと以上に大切なのは、収支をコントロールすることなのです。

私は以前、『となりの億り人』という本を書いた時に、いろいろな人に取材をしましたが、金融資産を1億円以上持っている人の中に、年収数千万円というような人は、ほとんどいませんでした。つまり、高所得の人が、必ずしもお金を増やして資産家になっているわけではないのです。

ところが、実際には誰もが高収入の仕事を探そうとしています。そのためにスキルを身に付けようとか、資格を取ろうとか、いわゆる自己投資に熱心になる人は多いようです。

でも、いくらたくさん稼いでも、たくさん使ってしまえば、決してお金は増えません。だから、何も難しい資格を取って高い報酬を得ることができなくても、普通に働いて入ってくるお金をきちんと貯めていけば、お金は自然に増えます。

貯めるというのはとてもシンプルなこと

お金を貯める場合に一番大切なのは、「〝貯める〟という行為を、〝使う〟よりも先に行なうこと」です。稼いだお金をまず使って、残った分を貯めようということではまず不可能です。それではおそらく、永遠にお金は貯まらないでしょう。

でも、給与天引きであれ、銀行口座からの自動引き落としであれ、入った収入の一定割合をあらかじめ先に除いておき、残ったお金で生活するということを続けていけば、自然にお金は貯まります。

前述の『となりの億り人』でも、女性で投資もほとんどせず、給与天引きだけで40代半ばで億り人になったという事例が出てきます。彼女が言ったことでとても印象に残っているのは、「お金はあとから貯められない」ということです。

「本当にそんな単純なことでよいの?」と思われるかもしれませんが、実際、これぐらいシンプルなことをするだけなのです。したがって、こんなものはノウハウでも何でもありません。

でも、「誰でもできる」ということと、「誰でもやっている」ということは違います。わかっていてもなかなかできない人が多いというのも、また事実なのです。

増やすのも、やり方次第ではシンプルになる

貯めるのはごくシンプルな話だといいましたが、増やすのは貯めるほどシンプルではあり

ません。なぜなら、増やすためには投資をすることが必要ですが、そのやり方は本当にさまざまだからです。「これをすれば絶対に増える」という方法はありません。投資というのは常に先の見えない不確実なものであり、だからこそ増える可能性を秘めているのです。

別の言い方をすれば、「不確実性＝リスク」ですから、投資には常にリスクがつきまとい、そのリスクこそが利益の源泉になるということなのです。

でも「貯める」ほどシンプルにはできなくても、やり方によってはある程度、シンプルに「増やす」ことも不可能ではありません。それは、グローバルに分散投資できる投資信託で、積み立てで少しずつ投資を続けることです。

私も10年ぐらい、この方法を続けてきています。投資で考えがちなのは、「どれを買えばいいだろうか?」、そしてそれを「いつ買えばいいだろうか?」ということを、当てようとすることです。

でもそれを当てるのは、非常に難しいことです。だからこそ、市場全体に投資するというやり方が、最も無難な方法なのです。

投資が難しい最大の理由は「人間の心理」にあり

もちろん、投資の途中では価格が変動することもあり、ヒヤリとすることはおおいにあり得ますが、そうした価格の動きに一喜一憂していると、失敗する確率が高くなります。なぜなら、普通の人間の感情としては、投資したものが上がればうれしくなって、さらに買い増しをしたくなりますし、逆に下がると気分は悪くなり、見るのも嫌になります。それどころか、売って投資をやめてしまうということもありがちなことです。

でも本当は、上がれば売り、下がれば買うということでないと儲からないわけですが、実際には人間の心理としてなかなかそういうことはできません。

そこで、売り買いのタイミングや銘柄の選定は考えず、世界の株式市場全体に投資するタイプの投資信託を積み立てで買うというのが、最もシンプルな方法なのです。

ただ、やり方はシンプルですが、実際には値動きを気にせずに積み立てを続けるというのは、心理的にはかなり難しいことです。誰しも価格が上下すると心の中がざわついてくるからです。ですからもし投資を始めるのであれば、失敗することは想定の中に入れ、最初は失敗してもそれほどダメージが大きくならないように、少額から始めるのがよいでしょう。

もちろん、そうした投資信託の積み立てが、必ずしも一番よい方法というわけではありません。投資の方法は千差万別で、「これだけが唯一絶対の正解」というものはないからです。でも、できるだけ〝シンプルに増やしたい〟ということであれば、この方法が一番よいと思います。

私は定年の時にほとんど蓄えはなかったと言いましたが、定年後もずっと働き続け、毎月定額を自動引き落としにして積み立て、そのお金でグローバルに分散する投資信託を購入し続けています。仕事が忙しい自分にとっては、この方法が最も楽だからです。

最初の話に戻りますと、「お金を増やすこと」はそれほど難しいことではないのです。普通に働いて、計画的にお金を貯めて、できる範囲内でシンプルに投資を続けていく、という単純なことをしていれば、自然にお金は増えます。

一番大きな問題は、このシンプルなことを頭で理解するのは簡単で誰にでもできますが、実行するのが難しいということです。でも、本当に「お金を増やしたい」と思っているのであれば、その最も簡単な方法は、ここで述べた1から3までの流れをルーティン化し、続けることでしょう。

一番大切なことは続けること。それができれば、お金を増やすことはそんなに難しいことではないのです。

（4）「投資」に求めたがる免罪符

最も労力を使わずに実行できる投資

お金を増やすための方法の1つが「投資」であることは、前節で述べた通りです。実際に資産形成に成功した人の多くは、何らかの形で投資をしてきています。

投資で成功する方法は1つではなく、さまざまなやり方がありますが、普通の人が最も労力を使わずに実行可能なのは、「グローバルに分散投資できる投資信託で、積み立てで少しずつ投資を続けること」だと思います。これは前節で紹介したやり方です。

ではなぜそのやり方がいいのでしょう。

資本主義は自己増殖するシステムである

それは一言でいえば、「資本主義が自己増殖するシステム」だからです。〝自己増殖するシステム〟というのは、次のようなメカニズムのことです。

世の中において企業が行なうありとあらゆる事業活動は、①資本を投下し、②そこから収益が生まれ、③投下した資本のコストを支払い、④利潤が生まれる、という流れで続いていきます。

そうした一連の事業活動の中で生まれた利潤を、すべて分配してしまったり、消費に使ったりしてしまうと、次の利潤を生む機会がなくなってしまいますから、利潤の一部あるいは場合によってはその全部を、次の利潤を求めて新たな資本の投下に向けることになります。わかりやすく言い換えれば、貯蓄や投資において得られた金利や配当を、再び預けたり投資したりすることで得られる「複利」の概念と同じことです。

このようにして事業活動は増殖していくことになり、逆に利潤を生まず縮小してしまうような事業活動が続くと、その企業は終わってしまいます。これが企業倒産ですね。

結果として、生き残った事業活動（企業）は増殖を続けることになります。

資本主義が本質的には自己増殖するシステムであり、市場は長期的には成長を続けていくという理由が、ここにあるのです。したがって、利益を求める人類の経済活動が続く限り、投資を続けていけば報われることになるといってよいでしょう。

これを最も忠実に、そして簡単にできる仕組みが、「グローバルに分散投資できる投資信託で、積み立てしながら少しずつ投資を続けること」なのです。

もちろん、投資においてこれが一番よい方法というわけではありません。この方法だと、どこまでいっても市場平均程度の利益にしかなりませんが、時間と手間をかけ、企業財務をしっかりと研究すれば、もっと大きく儲けることはできるからです。

でも世の中の多くの人は普通のサラリーマンです。仕事をしながら、プロの投資家のように調査や情報収集、そして思考にそれほど大きな時間を費やすことはできません。したがって、こういうやり方が最も労力を使わずに実行できる方法といっていいでしょう。

それでも感じるうしろめたさ

最近、投資を始める若い人の間では、こういった「積立投資」が主流になりつつあります。ところが一方では相変わらず、投資することに対するうしろめたさというのは存在するようです。ＳＮＳで投資家が集まるコミュニティをのぞいてみると、「周りの人には投資をしていることを言えない」だとか、「妻にも内緒でやっている」という人をよく見かけます。

この理由は、第1章の（2）でお話ししたような、お金に関する抜きがたい忌避感があるからだと思います。あるいは同じ第1章の（5）でお話ししたような、「投資の儲けは不労所得だ」という思いが心の片隅のどこかにあるのも理由の1つでしょう。やはり、「お金が好き」「投資が好き」ということは大声では言えず、うしろめたさを感じる人は多いようです。

で、その結果、どうするかというと「投資をしていることを周りの人には言わない」ということになるのですが、いつまでも隠れキリシタンのようにひっそりと投資をし続けるわけにはいきません。そこで、投資をしているということをカミングアウトする人が出てきています。

ところが、単に「投資をしている」ということを言うのではなく、「投資は世の中のため、人のためになるからやっているのだ」というロジックを主張しつつ、カミングアウトする人が増えてきているのです。

「投資は世の中のためになる」という考え方は間違っていません。まさにその通りです。これは第2章の（5）でもお話ししたように、「投資することは世の中にお金を回すこと」だからです。

でも、そんなことは自明の理です。あえて声を大にして言う必要なんてありません。人間は誰もが、自分の利益を最大化しようと行動するのは当たり前で、そういう欲望が、結果的にお金を回すことにつながり、社会をよくするということが、経済学の父であるアダム・スミスのいう「神の見えざる手」だからです。

では、なぜそんな当たり前のことを言うのでしょう。

それは、投資に対するうしろめたさをなくすための「**免罪符**」を求めているからです。「投資は悪いことじゃないよ、世の中のためになることなんだよ。だから僕がやっているのは悪いことなんかじゃなくて、世の中のためによいことをしているんだよ」と主張したいからなのです。

『論語と算盤』の間違った解釈

特に最近は、そう言いたい人にはじつに都合のよいテーマが出てきました。それは「ＥＳＧ（環境・社会・ガバナンス）」や「ＳＤＧｓ（持続可能な開発目標）」という概念で、それらは大変もてはやされる状況となっています。

もちろん、それらの概念は、これからの社会にとってとても大切なことです。でも別に、それを投資するための免罪符にする必要はまったくありません。

これらについては、普段の生活の中で普通に取り組めばよい話で、投資と結びつけてしまうと、「ＥＳＧ関連銘柄に投資をすれば儲かる」といった、少し歪んだ方向性になってしまいかねません。

一昨年（２０２１年）に放映されたＮＨＫの大河ドラマは、日本の資本主義の父といわれる渋沢栄一を描いたものでした。彼の著作として有名なのが『論語と算盤《そろばん》』です。多くの人は、この本に書いてあることを「商売というものは儲けるだけではなくて倫理観がないとだめだ」と解釈しています。中には、現代のＥＳＧやＳＤＧｓの先駆けだという人もいます。

でもそれについて、私はちょっと違うのではないかと思っています。彼がいいたかったことは、「商売で一番儲けようと思うと、道徳的であることが必要なのだ」ということです。つまり「儲けるだけでなく道徳も必要だ」ではなく、「道徳的であることが一番儲かる」ということなのです。

企業は、短期的な利益をあげて解散してしまう「プロジェクト」ではなく、永続的に活動を続ける「ゴーイングコンサーン（継続企業の前提）」を守り続けるべき存在です。

短期的に儲けようとするのであれば、まがい物を売ったり、従業員に残業代も払わず過重な労働を強いたりすればいいでしょう。つまり、顧客や従業員を欺《あざむ》くような悪どいことをすれば、たしかに利益は得られます。

でも、それでは信用を失ってしまいますから、長期にわたって利益を上げ続けることはできません。事業活動で一番大切なことは、「儲けること」ではなく「儲け続けること」なのです。

だから、渋沢栄一は、「算盤のことしか考えない奴は欲がない、道徳的であることが一番がっつりと儲かるのだ」と言っているのです。

事実、『論語と算盤』の中にある「仁義と富貴」には、「真正の利殖は仁義道徳に基づかなければ、決して永続するものでないと私は考える」と書かれています。

結局、渋沢翁が言いたかったことは、「儲けるためには道徳が一番大事だ」ということであり、この意味するところは、「商売で最も大切なのは信用だ」ということなのです。

会社を応援したいのであれば、別に株を買う必要はない

渋沢翁にも、「儲けること」についてのうしろめたさなどは毛頭ありません。道徳的であるべきなのは、それが儲かるからなのです。

したがって、投資をするのは社会をよくするためだとか、会社を応援するためだ、などと

免罪符を振りかざす必要はありません。単純に「儲けたいから投資をする」、それで十分です。

会社ができる最大の社会貢献は、たくさん儲けて税金をたくさん払うことです。同じように、投資でも、たくさん儲けてたくさん税金を払ったなら、それはおおいに社会的な貢献をしていることになります。

会社を応援したいからその会社の株を買うのだといいますが、そもそも応援したい会社があるのなら、その会社の製品やサービスを買ってあげることが一番応援になるはずです。

会社を応援するのに株を買わなきゃいけないのなら、上場企業しか応援できないことになります。だから、投資は投資でしっかりお金を増やせばいいのです。何も免罪符を振りかざす必要はありません。大事なのは増やすことではなくて、使うことだからです。

（5）「死」から逆算して考えてみるお金の意味

働きアリの末路は？

イソップ寓話にアリとキリギリスの話が出てくるのはご存じでしょう。夏に一生懸命働いて食べ物を蓄えた働き者のアリに対して、遊んでばかりいたキリギリス。やがて冬がやってきて食べるものがなくなったキリギリスは、アリに食べ物を乞《こ》いにいきます。働いているアリを散々ばかにしていたキリギリスですが、食べ物をアリに分けてもらったことを感謝し、それからは心を入れ替えて働く、というお話です。

じつは、最後にアリが食べ物をキリギリスに与えてあげたというのは、教訓を作るためにあとから改変されたもので、元のストーリーではキリギリスは食べ物をもらえず、飢え死にしてしまうという内容なのだそうです。でも多くの日本人はこの寓話について、「やはり人間は勤勉に働くべきだ」と解釈していると思います。

最近、アメリカで出版されてベストセラーになった、ビル・パーキンスという人が書いた『DIE WITH ZERO』（ダイヤモンド社）という本があります。その本のまえがきに、このアリとキリギリスの寓話が出てきます。

その部分を引用すると、「この寓話の教訓は、人生には、働くべきときと遊ぶべきときがある、というものだ。もっともな話だ。だが、ここで疑問は生じないだろうか？　アリはいつ遊ぶことができるのだろう？　それが、この本のテーマだ」

さらに著者の言葉は続きます。「私たちは、キリギリスの末路を知っている。そう、飢え死にだ。しかし、アリはどうなったのか？　短い人生を奴隷のように働いて過ごし、そのまま死んでいくのだろうか？　いつ、楽しいときを過ごすのか？」

私はこの本に深い共感を覚えました。そして私なりに「アリの末路は？」と考えてみました。

「アリは助けを求めて来たキリギリスを冷たく突き放しました。『そんなものは自業自得だ』とつぶやき、世間から〝冷たい奴だ〟と言われようが気にしませんでした。そしてお金（食べ物）に囲まれ、友もないまま、1人寂しく死んでいきました」

たぶん、これがアリの末路なのではないかという気がします。

図５　年代別金融資産保有額

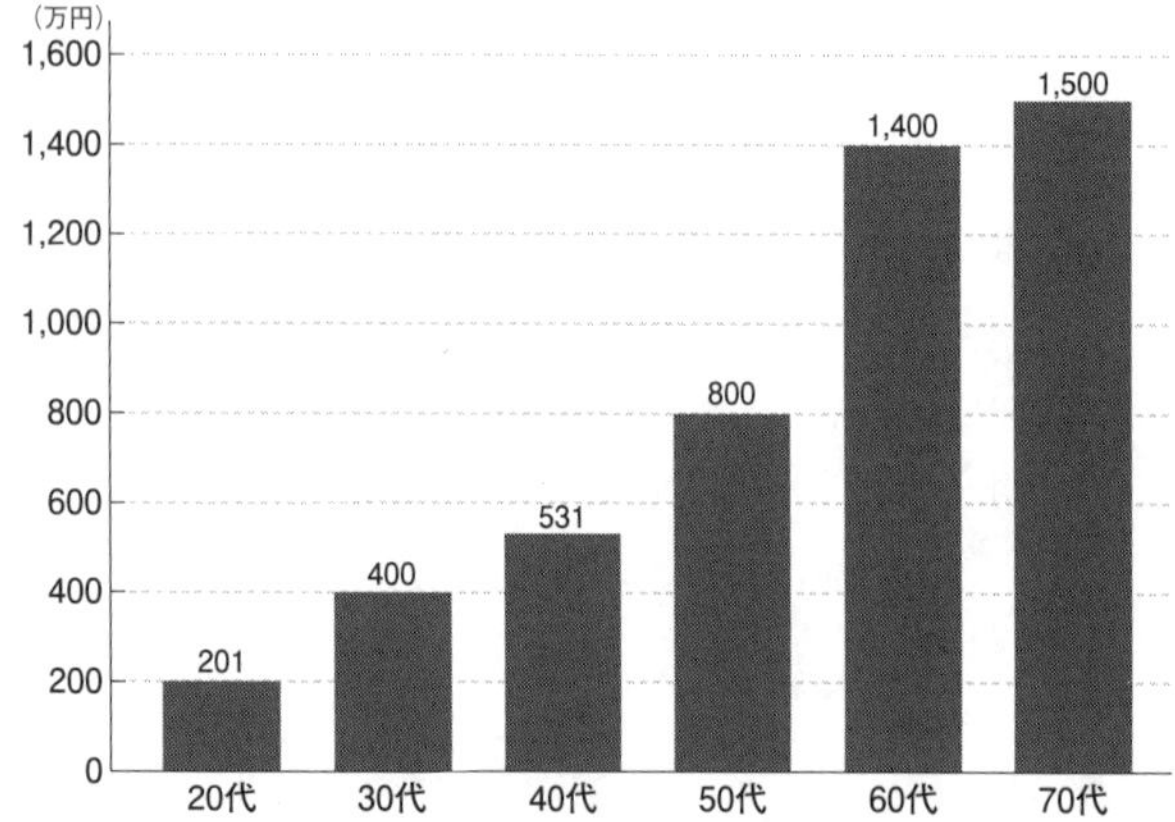

出所：日銀金融広報中央委員会「家計の金融行動に関する世論調査」（2021年）

死ぬ時に一番お金を持っている

『DIE WITH ZERO』というタイトルが意味するのは、「ゼロで死ね」、つまり「死ぬ時までにお金はすべて使い切ってしまおう」ということです。

ところが、実際には多くの人は「死ぬ時に最もたくさんお金を持っている」ようです。

図5をご覧ください。これは日銀金融広報中央委員会が調査した「家計の金融行動に関する世論調査」（２０２１年）にある数字ですが、年代別に金融資産の保有額を中央値で見てみると、60代が１４００万円、70代が１５００万円と、他の年代に比べて突出しています。

これを平均値で見てみると、さらに増え、60代では３０００万円にもなります。

これを見る限り、「死ぬ時に最もたくさんお金を持っている」というのはどうやら正しいようです。

このお金を、生きて元気なうちに使っていれば、どんなに幸せだったろうかということを考えるべきだ、とこの本は主張しています。

私もこれにはまったく同意します。やりたいことを我慢して、ひたすらお金を貯めることが果たして幸せなのでしょうか。「黙々と働いて、預金通帳に数字が増えていくことを眺めるのが無上の喜び」という人もいるでしょうが、それはやはりどこか心の構造が歪んでいるのではないかという気がしてなりません。

やはり、「老後不安」というナラティブに踊らされている

ではなぜ、多くの人がやりたいことを犠牲にしてまで、お金を貯め、増やし続けるのでしょうか。

それはやはり、本章の初めにお話しした「老後不安」というナラティブがあるからです。

人間の行動を強く促す要因には「欲」と「恐怖」がありますが、中でも「恐怖」の力は大き

いといえます。

そもそも、老後というのは将来のことです。将来のことは誰もわかりませんから、不安が生じるのは当たり前です。しかも最近ではメディアが「老後貧乏」だとか「老後破綻」などという言葉を使って、さらに不安を煽りますから、次第に不安が恐怖に変わっていきます。

その上、「老後不安」というナラティブは、金融機関の営業にとっても非常に都合のよい話ですから、これを武器にして金融商品の購入を一生懸命勧めてきます。

結果として、どこまでいっても果てのない不安から、お金を増やすことに意欲を燃やし続け、最終的には「死ぬ時に一番たくさんお金を持っている」という状態になるのでしょう。

でも繰り返しになりますが、私は、過剰な老後不安を持つ必要はないと思います。日本においては、自営業の人であれば公的年金だけで生活していくのは難しいですが、普通のサラリーマンであれば、そんなに心配する必要はありません。

厚生労働省のモデル年金額では、妻がずっと無職であったサラリーマン家庭の場合の年金支給額は、月額で約22万円です。毎年海外旅行に行くとか、頻繁に豪華な外食をするということでなければ、日常生活はこの金額でも可能です。事実、前にも述べたように、私は定年後、夫婦2人でだいたい生活費は月に21万〜23万円ぐらいでまかなえています。

もちろん、自分が何歳まで生きるかは誰もわかりませんから、「死ぬ時にゼロにしろ」といってもそんなにうまくはいきません。ただ、仮に90歳までに持っているお金を全部使ってしまったとしても、公的年金は死ぬまで支給されます。私の経験上、年を取るほどお金は使わなくなりますから、同じ年金額で支給されるのであれば、たとえ何歳まで長生きしようと生活に困ることはないでしょう。

だから私自身は、自分が持っているお金は、90歳までにほとんど使ってしまってもよいと考えています。

もちろん、不測の事態に備えるために、ある程度の現金を持っておくべきだという考え方もありますし、それは間違いではありません。でも、どんな事態になるとどれぐらいのお金が必要かは、事前にある程度読めます。それに、自分のお金でまかなえないような事態に備えるには保険を使えばよいですから、必要以上に過剰なお金を蓄えたり増やしたりしておく必要はないと思います。

むしろ、人生後半に向けて考えるべきことは、「お金を増やす」ことではなく、「お金をどう使うか」ということでしょう。

「死」から逆算して考えてみること

人間は「死」を意識した時に、人生で本当に大切なものは何だったのかということに気が付くのだそうです。

緩和ケアの介護を長年勤めて多くの人を看取ったブロニー・ウェアという人が、自分の体験に基づいて書いた『死ぬ瞬間の5つの後悔』（新潮社）という本があります。この本には、死を前にした時、人は何を思い、人生において何を後悔するのかが書かれているのですが、その多くは、「自分のやりたいことをもっとしておけばよかった」「もっと人とのつながりを大切にしておけばよかった」ということです。

私も70歳を超えましたので、あとどれくらい生きられるのかはわかりませんが、人生の終盤が近づくにつれて、人生で最後に残る大切なものは何だろう、と考えるようになりました。そして前述の本を読んでみて、一番大切なのは「思い出」ではないだろうか、と自分なりに考えています。人生の充実度を高めるのは、その時々の体験であり、それにまつわる思い出ではないのか、と。

だとすれば、もっと「思い出」を得るためにお金を使うべきなのではないでしょうか。自分のやりたいことにお金を使う、人とのつながりのためにもっとお金を使う、そうしたことの方が、お金を増やすことよりもはるかに大切なことだと思います。

まだ「死」を考えるには早すぎる、あるいはそんなことを考えるのは縁起でもないという人もいるでしょうが、人がいつ死ぬかは本当に誰にもわかりませんし、いずれその時は必ずやってくるのです。であるなら、ここからの人生を、「死」から逆算して考えてみてもいいのではないでしょうか。

これまで、ただお金を増やすことに一生懸命だった人生かもしれませんが、ここからはどうお金を使うことで人生を幸せにできるかを考えていくべきでしょう。

次章ではどのようにお金を使うべきかを考えてみます。

第4章

お金の使い方、減らし方

——お金を使って豊かになる

〈序〉お金は増やすよりも減らす方が楽しい

ここから考えていきたいこと

さてここまで、お金について丁寧に考えてきました。最初の第1章では、人々が持っている「お金」に対する少し歪んだ感覚についてお話ししました。次に第2章で、「お金の本質」について、普段はあまり考えないことを少し深く考えてみました。そして第3章では、誰もがなぜお金を増やしたいと考えるのかを多面的に考察しました。

ここからの後半では、私たちが持っているお金の呪縛から離れ、「お金を楽しく使っていくためにはどうすればいいか？」「人生においてお金よりも大切なものがあるとすれば、それはいったい何なのか？」「単なる負け惜しみではなく、本当に〝お金より大切なもの〟にはどんな価値があるのか？」について考えてみたいと思います。

まず本章では、「お金の使い方、減らし方」について、4つの側面から考えます。

それは、（1）自分の好きなことにお金を使う、（2）思い出にお金を使う、（3）人のためにお金を使う、そして（4）無駄を楽しむ、という4つのテーマです。

そして最後には、「こういう使い方はしない方がよい」というお話も入れたいと思います。

ですが、これらのお話に入る前に、まず大前提として「お金は増やすよりも減らす方が楽しい」という話題から入ってみたいと思います。

お金を減らすことで得られるもの

「お金は増やすよりも減らす方が楽しい」――この文言を見て、「それは増やすことよりも使う方が楽しい」の間違いではないかと思った人は多いでしょう。

たしかに、お金を増やすのは楽しいことに使えるようにするためですから、「増やすよりも使う方が楽しい」というのであればわかるけれど、「減らす方が楽しい」というのは、ちょっと違うのではないか？　お金が減れば不安になるのではないか？　と考えるのは当然かもしれません。

でも私は、あえてここで「減らす」という言葉を使いたいと思っています。

それは、前章でお話ししたように、「お金を増やしたい」という呪縛から逃れることを、まず考えるべきだと思うからです。

前章で紹介した『DIE WITH ZERO』には、「ライフエネルギー」という考え方が出てきます。ライフエネルギーとは、人が何かをするために費やすエネルギーのことで、お金というのはそのライフエネルギーを表すものだというのです。この場合、金額の多い少ないは関係なく、たとえば１時間働いて得たお金を使うことは、１時間分のライフエネルギーを使ったとされます。

少しわかりやすい例で考えてみましょう。

年収３００万円の人と年収１０００万円の人を比べたら、誰もが１０００万円の人の方が豊かだと思うでしょう。

でも、もし１０００万円の収入を得るためにかけるコスト、たとえば毎日の長い通勤、高収入にふさわしい見栄えのよい洋服の購入、地位を維持するために地方での単身生活もいとわないこと、そして長時間労働といった隠れたコストを考えると、年収１０００万円の人の方が本当に豊かなのかどうかは何ともいえません。

なぜなら、年収１０００万円の人は、ライフエネルギーを無駄に使って、それを「お金」という紙切れに変えているだけともいえるからです。

さらに、その収入を得るために犠牲にしている楽しみがあるなら、余計にライフエネルギーを無駄遣いしていることになります。

これは言い換えれば、人生においてはライフエネルギーを有効に使うことで、人生を豊かにすることができるということなのです。

だとすれば、無駄にライフエネルギーを使ってお金を手に入れるのとは逆に、手に入れたお金を使ってライフエネルギーを購《あがな》うことも可能です。これがすなわち「お金を減らす」ことの効用なのです。

そしてこれは、お金を使って何かを手に入れることだけを意味するのではありません。本章でのちほど詳しくお話ししますが、お金を減らすことで「経験」という貴重なものを手に入れたり、人のために使うことでお金を減らしたりすることによって、大切な「満足」を手に入れることができます。

さらにいえば、無駄遣いをしたりしてお金を減らすことですら、有効な場合が出てくるのです。

私たちはお金に関しては、あまりにも表面的な効率性だけを意識して、それを増やそうとしていますが、じつはそのことによって、一番大事なライフエネルギーを無駄に消費しているかもしれないということに気付くべきだと思います。

新しい富裕層が興味を持っているもの

２０２２年１月２日の『日本経済新聞電子版』に、非常に面白い記事が出ていました。主に30～50代で、「新富裕層」といわれる人たちが増えてきているようです。これは自分が起業した会社のＩＰＯ（株式公開）などによって、大きく資産を増やした人たちのことです。

実際に私もそういう人を何人か知っていますが、いずれも数百億円の資産を保有しています。もちろんその大部分は自社株であるため、それらの資産を一度に現金化することはできませんが、ときおり一部を売却して、他に投資をしたりしているといいます。

こういう新しい富裕層の人たちが興味を持っているものとは何かというと、「新興企業への出資」「現代アート」「教育」といった事柄なのだそうです。

これに対して、50～80代に多い従来の富裕層が関心を持っているのは、「資産運用」「節税」「相続」といった項目です。

これは単なるイメージにしかすぎませんが、比較してみると、新しい富裕層の方がスマートな感じがします。旧世代の富裕層は、功成り名を遂げて資産家になっても、相変わらず「我欲」に凝り固まっているような印象を受けるからです。

お金を運用してもっと増やしたい、税金はビタ一文払いたくないので節税に励む、そしていかに税金を取られずに自分のお金を子孫に相続するか、そういうことばかりに関心がいくというのは、どことなく精神が貧しいような気がしてなりません。

もちろん新富裕層が興味を持つ事柄だって、いずれも投資に関連するものではあります。でも彼らの方がスマートに感じられるのは、彼らの関心事が、投資を通じて世の中をよくしようとすることにあるという印象があるからでしょう。

新しい富裕層の多くが起業で成功した人たちですが、彼らは自分が創業した時に、銀行などからなかなかお金を融資してもらえずに苦労をした、あるいは思いがけないところから支援を受けたりした、といった経験から、次の世代へ資金援助をしたり、教育に高い関心を持ったりするのだろうと思います。

これもまた「お金を減らす」ことの楽しみといっていいのではないでしょうか。

〝天引き消費〟という発想

作家の森博嗣《もりひろし》さんの近著に『お金の減らし方』（ＳＢ新書）という本があります。その中で彼は、「どんなに貧乏なときでも、僕は収入の１割を、自分の趣味のために使った」と書いています。そして奥さんにも「渡したお金の１割を遊ぶために使いなさい」と言って、それを実践していたそうなので、収入の２割はあらかじめ遊ぶために取っておいて、残りの８割で生活をしていたということになります。

最初から給料の１割とか２割を天引きで貯蓄しなさいというのは、資産形成の第一歩で、どんな本を読んでも「天引き貯蓄が王道である」と書いていますが、森さんのやり方は、いわば〝天引き消費〟でしょう。いったいどうしてそんなことをするのかと聞いてみたくなりますが、おそらくそれを森さんに聞いたら、「どうしてそんなことを聞くの？」と返されるような気がします。森さんは「好きなことをやるために、生きている」そして「人生の目標は自己満足である」と言います。

したがって、彼の家計哲学は「欲しいものは何でも買えばいい、でも必要なものはできるだけ我慢すること」なのだそうです。

ちょっと考えると、普通の人とは逆のような気がしますね。でも森さんは、本当に欲しいものとか、あるいは自分がしたいことは何かということを徹底的に考え、突き詰めていくと、自然に無駄はなくなると言います。だからこそ、趣味に使うお金を最初にのけておく〝天引き消費〟をやっているのでしょう。

前にもお話ししましたが、多くの人は、『DIE WITH ZERO』のように死ぬまでにお金を使い切ってしまうということは、なかなかできないでしょう。また森さんのように「遊ぶお金を最初に取っておく」というのも、実行するのは難しいと思います。

でも、ひたすらお金を貯めて増やすことばかりに一生を費やすのではなく、お金を減らすことで手に入れることができるものの大切さを、もう少しだけ考えてみる必要があるのではないでしょうか。

（1）好きなことにお金を使う

1.「お金がないから」というごまかし

50代から必ず出てくるセリフ

さて、いよいよ本節に入ります。この章の最初の節は「好きなことにお金を使おう」ということについてです。

私は企業からの依頼で、50代の社員の方向けにセミナーをすることが多いのですが、そんな時にいつも言うのは、「60歳になって定年になったのであれば、そこからは仕事でも趣味でも何でもいいから自分の好きなことをやりましょう」ということです。

すると、それに対して多くの参加者が口にするのが、「好きなことをやりたいけれど、お金がないからできない」、そして「好きなことといっても、何をしたらいいのかわからない」という2つのセリフです。

後者については次の節で詳しく考えてみたいと思いますので、ここでは最初の「お金がないから……」という言葉について考えてみたいと思います。

「お金がない」ってどういうこと？

「お金がない」という理由は、一見もっともらしい理由に思えます。でも、もう少し深く考えてみましょう。「お金がない」というのはどういう状態をいうのでしょうか。

現金や普通預金にまとまったお金がないというなら、それはほとんどの人がそうでしょう。家に大金を置いている人なんてほとんどいませんし、預金だって少しまとまれば、定期預金や投資に回したりするでしょうから、現金や普通預金をたくさん持っていないからといって「お金がない」というのは少し違うと思います。

普通、「お金がない」というのは、「生活が苦しい」「お金の余裕がない」ということを指すのだと思います。これはたしかに、そういう人が世の中に一定数いることは間違いありません。でも私が研修講師を依頼されるような、比較的大きな規模の会社で50代まで働き続けてきた人であれば、そういう人は、いたとしてもそれほど多くはないでしょう。

にもかかわらず、ほとんどの人が「お金がない」と言うのは、いったいどういうわけなのでしょう。

おそらく「お金がない」と答える人の真意を正確に表現すれば、「**そんなものに使うお金はない**」ということなのだと思います。これならよくわかります。要は価値観の問題だからです。

たとえば、私は駅から少し離れた団地に住んでいるので、買い物に行くのも駅に行くのも自分で自動車を運転していきます。で、乗っているのは軽自動車です。

私の知人にはポルシェに乗っていたり、ベンツを持っていたりする人もいます。でも私は「ベンツに乗るなんて、そんなお金はない」という言い方はしません。私にとって、車は単なる移動手段で、それ以上の価値は何もないので、そんな高級車を買う意味はまったくないからです。ベンツであろうが軽自動車であろうが、使えればそれでよいので、別にベンツやポルシェに乗っている人をうらやましいと思ったことは一度もありません。まさに「そんなものを買うために使うお金はない」のです。

これは自慢にもなりませんが、私は今まで一度も、自分の車を自分で洗ったことがありません。よほど汚れがひどくなると、ガソリンスタンドの自動洗車を利用することもありますが、そもそも自分で洗車するなどということは私にとっては何の価値もない、もったいない時間なのです。この事実からも、私が自動車にお金をかけることには何ら価値を見いだしていないということがおわかりいただけると思います。

好きなものはもったいないとは思わない

逆に私がお金をかけるのは旅行です。50歳を過ぎてからの旅行では、値段を気にせずに、高級で居心地のよい宿に泊まるようにしています。移動もすべてグリーン車です。人からは「よくそんな贅沢《ぜいたく》ができますね」といわれることもありますが、私にとって、旅行は最高の気分転換で、日常とは違った環境で思考にふけることができる、最も快適な機会なのです。

実際、旅行で考えたことや思いついたヒントが、コラムになったり本になったりして、ヒットしたこともあります。私は自分自身、寝ている時以外、すべて仕事だと思っていますから、見るもの、聞くものは全部、私にとっては取材なのです。

つまり、旅行はある意味、私にとっては投資ですから、楽しみであると同時に、収益を生み出してくれる源泉にもなっています。

年に数回、そういう投資のためにお金を使うことは、まったくもったいないと思いません。でも私にとって、普通の車を買うことすらもったいないので、安い軽自動車に乗っているのです。面白いことに友人から、「お前よく、そんな豪勢な旅行に行けるなあ、よっぽど金があるんだなあ」と言われたことがありますが、そういう彼が乗っている車はメルセデスです(笑)。結局、人は誰も、自分が本当にやりたいと思っていることや、心から欲しいと熱望しているものに対しては、お金を惜しむことはしないのです。

「いや、そんなことはない、食うや食わずの人にとっては、いくらやりたくてもできないことがある」という意見もあるでしょう。それはその通りです。私は子どもの頃、父親が事業に失敗し、小学校の給食費も払えないという本当に貧しい生活を経験していますので、それはよくわかります。

でも、世の中の人がみんなそういうわけではありません。ほとんどの人は生活水準に差があっても、その中で優先順位をつけて、自分にとって大事なことにお金を使っているはずです。ですから、誰でも自分のやりたいことに、何の遠慮もすることもなくお金を使えばいいのです。

ここにも「同調圧力」がある

では、なぜ多くの人は、「お金がない」と言って、やりたいことや欲しいものを手に入れようとしないのでしょう。

この理由は2つあると思っています。

まず1つは、「本当はそれほど欲しくない」からです。生活のレベルは人それぞれですから、欲しいものを手に入れるために普通に生活をしながら貯金をするという人もいますが、中には生活費だけで手一杯なので貯金する余裕がないという人もいるでしょう。

そんな場合、どうしても欲しければ、本業以外に何か別の収入の道を考えるとか、あるいは生活レベルを落としたり、極端な場合は一食抜いてでもその分のお金を回したりということをしてもよいはずです。

でもそれをしないということは、そのことやモノにそれほど大きな価値を見いだしていないからでしょう。だとすれば、それに対してはあまり無理をする必要はありません。

そしてもう1つの理由が、「同調圧力」だと思います。日本人は諸外国の人に比べて同調圧力が強いといわれています。昔の農村などでは、みんなと違うことをすると「村八分」にされたりすることがありました。

もちろん、現代ではそんなことはあり得ないのですが、仲間はずれにされたり、「あの人は変わっている」と思われたりすることを嫌がる気持ちは、多くの人が持っています。結果として、何につけても、相手からの申し出をどう断るかという理由を考えなければならないことが多くなってきます。

「○○を一緒にやりましょう」とか「○○は面白いよ！」と言われた時に、本当は欲しくないものややりたくないことでも、「そんなの興味ないよ」とか「そんなものいらないよ」と言ってしまうと、相手の好きなものを否定するようなニュアンスを与えてしまうのではないかと思うのです。したがって、それをむげに断ったのでは角が立つので、「お金がない」といってごまかしているのではないでしょうか。

つまり、「お金がない」というのは、断る理由としては一番無難、それだけなのです。

ごまかさずに、自分の意思にしたがうべき

人生の楽しみは、好きなことをしたり、欲しいものを手に入れて喜びを感じたりすることにあるといっていいでしょう。そして、その「楽しみ」は人それぞれ違いますし、違って当然です。

　ですから、「お金がない」と言ってごまかさずに、それは自分にとって価値がない、別にやりたくも何ともない、ということを堂々と言えばよいのです。周りとの摩擦を避けるために、無難な言葉で逃げる必要はまったくありません。そして人が何と言おうが、やりたいことには堂々とお金を使えばいいのです。

　人生の目的はお金持ちになることではなく、幸福になることなのですから、それが自分にとって幸福になることなら、遠慮することはありません。どんどんお金は使うべしです。

2．サラリーマン脳は捨てよう

サラリーマン脳とは何か？

　前節で、企業で50代社員向けセミナーをすると、必ず出てくるのが「好きなことをやれといわれても何をやっていいのかわからない」という言葉だと言いました。この声は、ほぼ例外などの企業でも出てきますので、サラリーマンにとってはごく自然な感想なのだろうと思います。

でも私に言わせると、これは典型的な「サラリーマン脳」の発想です。この言葉はあまり聞き慣れないかもしれませんが、最近はいろいろなところで使われるようになってきました。「サラリーマン脳」とはいったい何か？　それを一言で表すと、「すべての活動が受動的である」ということです。

上からの指示がないと、自分からは能動的には行動できなくなってしまう。何かをすることによるリスクを過剰に恐れ、ひたすら責任を逃れることばかり考えるようになる、という感覚です。

これは何もよいところがないようですが、サラリーマンとして生きていく上では必要とされる能力だったのです。自分でなりたくてサラリーマン脳になってしまったのではなく、サラリーマンとして優秀であるがゆえに、サラリーマン脳の持ち主になってしまったのです。

なぜ「サラリーマン脳」になってしまうのか？

人間、誰でも、学校を出て社会人になる時は、不安がある一方で希望もあるはずです。自分はこんな仕事がしたいとか、将来はこうなりたいという目標だってあるのは当然です。ところが、いったん組織の中に入ってしまうと、すべてにおいて自分の意思だけでものごとを決めることはできなくなってしまいます。

もちろん、社長の鶴のひと声で何事も決まるような会社であればこれは当然ですが、必ずしもそんな独裁的な会社ではなく、普通の会社であっても、組織で決まれば、それは個人の意思よりも優先されるのは仕方のないことです。

結局、組織の中でものごとを進めようとすると、根回しとか、社内力学とか、そういうバランス感覚を重視せざるを得なくなります。それに、自分のやりたいことを、ある程度根回しをしながら進めていったとしても、どこでどんでん返しを食らってボツになるかもわかりません。私も40年近くサラリーマンをやってきましたから、そんな経験は嫌というほど味わっています。

会社という組織の中で、自分が関わるすべての案件を、自分が考えているように通すためには、気の遠くなるようなパワーが必要になります。したがって、これだけはどうしても実現したいという案件以外については、大勢が決定するまで待つのはやむを得ないでしょう。

社内の偉い人は、「１人１人が経営者の視点を持て！」などと聞こえのよいことを言いますが、いくら経営者の視点を持っても、それに見合う権限が与えられていないわけですから、そんなこと無理に決まっています。第一、それほど給料はもらっていません。

必然的に、仕事において「自分のやりたいこと」を考える、ということは次第に遠ざかっていきますし、仕事以外のことでも、「自分のやりたいこと」を明確に意識するという習慣はだんだんなくなっていきます。

かくしてサラリーマン脳に侵された結果、「やりたいことをやれ、と言われても、何をやっていいかわからない」ということになるのです。

なぜ「サラリーマン脳」ではダメなのか？

それでも、会社にいる間は「サラリーマン脳」で何の問題もありません。いや、むしろサラリーマン脳でなければ、余計な摩擦と労力を費やすことになるかもしれません。

でも、定年が視野に入ってきた50歳前後からは、できるだけ頭の構造を変えて、サラリーマン脳は排除するように努めるべきだと思います。

第3章でもお話ししたように、現代では、得体の知れない「老後不安」というナラティブに誰もが影響を受けています。その結果、そればかりに気を遣い、ひたすらお金を貯めていく一方で、自分のやりたいことが何かもわからないまま、定年を迎えることになります。そうなると、お金はあったとしても、それを使って充実した楽しい老後を過ごすことができない、という事態になってしまうからです。

そして、そんな事態のまま、人生の最後を迎えた時に何千万円あったとしても、それはまったく意味がありません。そのお金をそれまでに自分のやりたいことに使っていれば、あるいは欲しいものを手に入れていれば、どれぐらい充実した人生が送れたことでしょう。死ぬ間際になって、「これだけのお金を、もっとやりたいことに使っていれば」という後悔はしたくありません。

「やりたいことがわからない」などという悲しいことを言っている場合ではありません。今からでも遅くないので、サラリーマン脳を捨て去り、自分のやりたいことを探すべきだと思います。

どうすれば「サラリーマン脳」を捨てられるか

では、どうすればサラリーマン脳から脱却することができるのでしょう。

これはそれほど簡単なことではありません。なぜなら前述したように、会社の中で頑張って上を目指そうとすると、自分1人が突出した存在のままでいるというのは難しいからです。別に「事なかれ主義」でなければだめ、というわけではなく、最終的にものごとをスムーズに進めるためには、周りにも配慮しなければなりませんし、我を通すだけではうまくいきません。必然的にサラリーマン脳を続けざるを得ないのです。

では、そもそもいったい何のためにそんなことをするかといえば、ホンネでは、会社の中で偉くなりたいからですよね。実力主義とか成果主義といいますが、やはり人事は好き嫌いで決まることが多いものです。もちろん、上に気に入られても、仕事ができなければ話になりません。当然成果を出した上で、協調性とか人間関係を大事にしながら、うまくバランスをとりつつ仕事を進めていくのが理想です。結果として、自分のやりたいことを第一に主張するということはしないという「サラリーマン脳」になってしまいます。

でも、ここで少し発想を変えてみましょう。もし、会社の中で偉くならなくてもよいと思ったらどうでしょう。周りとぶつかろうが上に嫌われようが、主張すべきことは主張するという仕事スタイルにはなりませんか？

だとすれば、会社の中でそうなった時点から、発想を変えてみればいいのです。

〝成仏〟すればサラリーマン脳から脱却できる

私はいつも、50代の社員の人たちへの企業内研修において、「50歳になったら早く成仏しなさい」と言います。「成仏する」というのは、もちろん比喩的な表現であり、具体的にいえば、会社での立場とか出世を気にするのをやめよう、ということです。

40代のうちは、まだ、ひょっとしたら役員になれるかもしれないという希望を持っていたとしても、50歳を過ぎれば事実上、ほぼその可能性はなくなります。つまりその会社の中での出世はもう終わったということになるのです。

これは考えてみると、とても素晴らしいことです。それまで、仕事で成果をあげるだけでなく、「サラリーマン脳」をフルに使って周りに気を遣いまくり、いろんなことに我慢をしてきたのも、ひとえに、上からの評価を受けて出世したいという心の重圧があったからです。もうその可能性がなくなったのであれば、こんな気楽なことはありません。自分の思うことを素直に表せばいいのです。

もちろん、受け入れられる可能性は低いでしょうが、だからといって残念に思う必要もありません。そんなものと割り切ればいいのです。

かくいう私も50歳手前で、社内的にはあまり陽の当たらない部署に異動になり、気持ちを切り替えて〝成仏〟しました。そうすると、それまで見えていた世界とはまったく違うものが見えてきて、やりたいこともたくさん出てきたのです。

そうやって気持ちを切り替えるうちに、仕事だけでなく、趣味や生活の面でも、自分のやりたいことを考えられるようになってくると思います。人生の後半、会社生活の終盤では、この「サラリーマン脳」からの脱却がとても大切なことなのです。

（2）思い出にお金を使う

1．〝体験〟にお金を使う楽しさ

人生で一番大切な仕事

お金を使って減らす楽しさの2つ目は、「思い出にお金を使う」ことです。

第3章や、本章の〈序〉で紹介した『DIE WITH ZERO』で、著者が最も言いたかったことは、たぶんこのことにあると思います。その本の中でも紹介されていますが、イギリスのテレビドラマ『ダウントン・アビー』に登場する執事のカーソンのセリフに、このようなものがあります。

「人生でしなければならない一番大切な仕事は、思い出を積み重ねることです。最後に残るのは、結局それだけなのですから」

これは本当に素晴らしい言葉だと私は思います。

死ぬ間際になって、どれだけお金があっても、それは意味のないことです。それよりも、愛する家族や友人と一緒に過ごした思い出こそが、人生の最後に旅立つ時に、本当に幸せ感をもたらしてくれるものではないでしょうか。

そんな思い出を作るためにお金を使うのは、とても素晴らしい使い方だと思います。そうやって多くのいろいろな体験をすることにお金を使うことで、たくさんの思い出を作ることができるからです。

モノ消費よりもコト消費

少し前から、「モノ消費よりもコト消費」という言葉が盛んに使われるようになりました。主にマーケティングの戦略として使われることが多いようですが、たしかにこの言葉は、普通の生活者である我々にも響きます。自分の周りに物があふれる時代になってきたからこそ、豊かな時代になってきたからこそ、モノよりも体験を求める人が増えてくるというのはごく自然なことでしょう。

それに、かつては何かを買おうとすると、店まで出向かなければなりませんでした。特に地方の名産品などは、そこへ出かけないと手に入らないというのが普通です。ところが最近ではネットでの買い物が拡大し、楽天やアマゾンといったＥＣサイトだけではなく、地方の小さな商店でも、オンライン販売をするところが増えてきました。

したがって、モノ消費は家に居ながらにしてできるわけですが、体験はやはり、そこに行かないとできません。もちろん今後は、メタバースのように仮想現実での体験を自宅ですることもできるようになっていきますが、これは満足度という点ではまだまだでしょう。

実際に、コロナ禍になって海外旅行ができなくなった代わりに、現地のツアーガイドがＺｏｏｍを使って参加者を案内するツアーが出てくるようになりました。私もそういうツアーに数回参加したことがあります。

たしかに楽しいのですが、これはいわば本を読んだりテレビや映画を観たりするのとそれほど変わりません。いくらテクノロジーが進歩しても、やはり限界はあります。実際に現地へ行ってみる、実際にそのことを体験することの大切さは必要だと思います。

また、モノ消費とコト消費では、満足感の持続においても違いがあります。

何か物を購入するというのは、その時はうれしいものです。前から欲しかった物を手に入れた時の満足感は大きいでしょう。ですからその楽しみを否定するわけではありません。

でも私の経験では、物を手に入れた喜びというのは、あまり長期間にわたって持続するということがありません。たとえば高級なブランド物のバッグを手に入れた時はとてもうれしいのですが、10年も経つと、その辺に転がっている他のバッグとたいして変わらなく感じるというのはよくあることです。

ところが体験は、いつまで経ってもなかなか忘れることはありません。今でも60年近く前に行った小学校の修学旅行の時の思い出というのがよみがえってくることがあります。人生の節目において体験してきたことのみならず、日常生活におけるちょっとした体験でさえも、忘れることのない思い出になっていることはよくあります。

もちろん、物を買ったり手に入れたりすることに意味がないということを言っているのではありません。趣味としていろいろな物を収集することも、その人にとっては大事な経験ですし、自分の好きな物に囲まれていることで幸せを感じるというのも理解できます。

大事なことは、モノ消費とコト消費のバランスだと思います。形あるものだけではなく、「体験」という無形の財産を手に入れるためにお金を使うことも、大切なのではないでしょうか。

「体験」は投資にもなる

モノ消費とコト消費、どちらがよいとは一概にいえないのですが、コト消費、すなわち体験するということには、物を買うことにはない効用があります。それは〝体験することが投資になる〟ということです。

「投資」という言葉を聞くと、すぐに〝儲け〟とか〝利益〟を想像する人が多いと思いますが、投資というのは「新しい価値を生み出すために資金を投入すること」です。それが金銭的な価値に換算できるものであれ、そうでないものであれ、その人にとって価値のあるものを生み出すための手段であれば、それは立派な投資です。

もちろん設備投資のように、生産財を購入することで生産物という付加価値を生み出す投資もありますが、企業ならともかく、個人においてはそれほど頻繁に必要なことではないでしょう。

これに対して、「体験」がもたらしてくれる価値はいったい何かというと、それは「思い出」という無形の資産に加えて、「判断力」だと思います。これは仕事だけでなく、日常生活においてもそうですが、人生は「選択と判断」の連続です。自分にとって何を選択するのが最もよいかを判断し続けなければなりません。

そして判断するには材料が必要です。この場合の材料というのは、単に条件のことを言っているのではありません。「こういう条件の場合にこんな判断をしたら、どういう結果をもたらすか?」というのが、判断のもとになる材料なのです。判断した結果がどうなるかという推測は、自分が経験してきたことからしか得ることはできません。本を読むことで知識を得ることはできますが、判断力は経験でしか得られないと思います。

つまり「体験する」ということは、自分にとって最良の果実をもたらしてくれる「判断力」を手に入れるための投資と言い換えてもよいのです。そして多くの体験を積めば積むほど、優れた判断力を手に入れることができるわけですから、やはり「経験する」ということは立派な投資だと思います。

誰も「思い出」を奪うことはできない

ＮＨＫの連続テレビ小説で、２０２１年11月から22年４月まで放映されて、人気を博した『カムカムエヴリバディ』というドラマがありました。その中に登場する時代劇の大部屋俳優、伴《ばん》虚《きよ》無《む》蔵《ぞう》がこんなセリフを言う場面があります。

「そなたが鍛錬し培《つちか》い身に着けたものはそなたのもの、決して奪われることのない一生の宝。されどその宝は分かち与えるほどに輝きが増すものと心得よ」というものです。

これもじつに心に響くセリフですが、この中で私が強く実感するのが、〝決して奪われることのない一生の宝〟というフレーズです。

お金は下手をすると簡単に失ってしまいますが、体験によって得た力や思い出は、いつまでも自分の心の中、自分の頭の中にありますから、決して奪われることはありません。だからこそ、体験にお金を使うべきだし、それが思い出という誰も奪うことができない大切な財産になると考えるべきなのです。

体験は投資になると書きましたが、これは必ずしも功利的な意味で言っているのではなく、金銭ではない自分自身の豊かさにつながるということです。ただひたすらお金を貯め込むよりも、〝いま〟しか体験できないことに、おおいにお金は使うべきではないでしょうか。

2. 旅は人生

人間が賢くなる方法は「人」「本」「旅」

私は若い頃から、「勉強する方法は２つしかない、それは『本を読むこと』と『人と会うこと』だ」と考えてきました。

営業職の時は、あまり本を読めませんでしたが、多くの人に会うことができましたし、本社勤務になると、外の人と会う回数が減る代わりに本はたくさん読むことができました。40代で本社にいる頃は、平均すると年間２００冊ぐらいは本を読んでいたものです。

ところがそんな私などとは比較にならないぐらい無類の読書家がいます。それは出口治明《でぐちはるあき》さんで、私は会社を定年で辞めた10年ほど前に彼を知りました。出口さんはライフネット生命を創業され、現在は立命館アジア太平洋大学の学長をしておられます。著作もたくさんあるので、ご存じの方も多いと思います。

その出口さんが、「人間が賢くなる方法は『人』『本』『旅』に尽きる」とおっしゃっています。つまり、人から教えてもらう、本を読んで勉強する、そして旅をする、このことを通していろいろなことを学ぶしかないということです。

私は「本」と「人」についてはそう思っていましたが、「旅」については気が付きませんでした。私にとって長い間、旅というのは楽しみであり憧れでした。というのは現役時代、忙しくてほとんど旅行など行けなかったからです。

学生時代は多少貧乏旅行もしましたが、会社に入って以降は、夏休みもたった１日ぐらいしか取らないという仕事漬けの、じつに情けない状況でした。ようやく旅行できるようになった時はすでに50代半ばでしたから、「旅から学ぶ」などということは思いもよらなかったのです。

もちろん出口さんは、「旅」から学ぶといっても、文字通り旅行することだけでなく、旅を通じてさまざまなことを自分で体験することの大切さをおっしゃっているのだと思います。でも、純粋に旅をするだけでも、楽しむだけでなく学ぶことはたくさんあると思います。

旅から学ぶもの

では、旅で学べるものとはいったい何なのでしょうか。それは知らない土地へ行って、見たことのない文化や触れ合ったことのない人と出会うことです。もちろん海外の方がそのインパクトは大きいのですが、国内でもその体験はできます。

私は2018年にロシアへ旅行し、モスクワからサンクトペテルブルクまで列車で移動したことがあります。この本を書いているのはまさにウクライナ紛争の真っ最中で、ロシアに旅するなどということは思いもよらないので、今となってはとても貴重な体験でした。実際に列車で移動することで、ロシアの大地というものを肌で感じることができましたし、我々日本人にはない、彼らの思考というものの一端が、ほんの少しだけ理解できたような気がします。これは本を読んだだけではとうてい叶わなかったことでしょう。

また2013年にはフランスへ旅をし、パリからTGVに乗ってボルドーまで行きましたが、車窓から見る風景や、ボルドーが近づくにつれて一面のブドウ畑が現れるのをこの目で見ることで、フランスという国が農業大国であること、そしてボルドーがワインの一大産地であることを、単に知識だけでなく実感することができました。

私は国内でもそうですが、旅に出ると、列車の窓からずっと外を見ています。地方によって建物の構造も違うし、栽培されている作物にも違いがあります。車窓から見る風景は情報の宝庫なのです。最近は旅行中でもスマホから目を離さない人が多いのですが、それはじつにもったいない話です。

私の場合、ありがたいことに、年間50回以上、地方で講演をさせてもらっています。その都度新しい土地へ出かけて、そこで見聞きするものから得られる情報量は非常に大きいのです。仕事でお金をもらいながら勉強できるということですから、こんなありがたいことはありません。そして仕事だけではなく、時間があれば個人でも頻繁に旅に出ます。

実際にそこへ行くことで得られる情報というのは、本を読むのとは比較にならないぐらい価値があります。ですから私は海外へ行っても、名所旧跡のようなところにはあまり行きません。町の公園やカフェに半日ぐらい座って、町ゆく人々を眺めるのが最高に楽しいからです。

若い頃にはリュックサックを背負って旅したこともありました。もちろん若い頃に得ることのできた体験も、それはそれで価値がありますが、年を経て人生でいろいろな経験を積んだあとで旅に出るのも、素晴らしいものです。

でも旅の楽しみは、学びだけにあるのではありません。旅それ自体が、素晴らしい思い出になります。

旅の3つの楽しみ

旅の楽しみはもちろん、非日常を味わうことにあるのですが、じつは旅に出ることによる楽しみは3つあります。旅の前、旅の最中、そして旅のあとです。

私の場合、旅をするにあたって、とても楽しみなことは、旅に行く前にいろいろと準備をすることです。

まずはプランを立てます。それもあまりきっちりしたプランではなく、簡単な移動のスケジュールと、やりたいことを網羅するだけです。都市だけに行く場合は違いますが、少し田舎の方に行く時は、国内でも海外でもレンタカーを借りて移動します。その方が自由気ままな旅ができるからです。

もちろん航空券や宿は事前に手配しておきます。若い頃のように行き当たりばったりというのは、ちょっとリスクが大きいのでやりません。行く先々で何をやろうか、とか、どこへ行こうかということを考えるのは、旅に出る前の大きな楽しみです。

2つ目は旅の最中です。前述したように旅の醍醐味は「非日常を味わう」ことにあります。

だから本当は一人旅がよいのですが、夫婦や家族といった最小単位での旅行でも、それは十分に味わうことができます。

旅として最悪なのは団体旅行でしょう。私は基本的にわがままなので、海外に行く場合でも団体旅行は大嫌いなのですが、一度だけ、ある事情で団体旅行をしたことがあります。今思い出しても最悪で、何も面白いことはありませんでした。行動の自由はないし、海外の場合ならずっと日本人のグループで行動しているわけで、どこにも非日常を味わう楽しみはありません。何のために高いお金を出してそんなつまらない旅をしないといけないのか、私にはまったく理解できません。

とはいえ、旅の前、旅の最中というこれら2つの楽しみ方は、人によって異なります。そもそも自分で手配したり準備したりするのが面倒だという人もいますし、団体旅行でないと不安だという人もいるでしょう。ここまでお話ししたのはあくまでも私個人の考えですから、決して誰に対しても押しつけるものではありません。

でも、3番目の楽しみ、旅のあとの楽しみというのは、おそらく誰にとっても共通のものではないかという気がするのです。

旅の最大の楽しみは「思い出」

私は旅の最大の楽しみが、この3つ目、「旅のあと」にあるのではないかと思っています。つまり旅の思い出です。これは旅から帰ったあと、何度も味わうことができるからです。写真を見たり、最近ではスマホで撮った動画を見たりして、思い出すたびにその楽しさをよみがえらせることができます。

私のように海外にも個人で気ままな旅に出ると、予期せぬちょっとしたトラブルに見舞われることはたくさんありました。でもそれも今となっては得難い体験であり、楽しい思い出に変わっています。

こうして考えると、旅をするというのは「思い出」にお金を使うということであり、私にとってはかなり優先度の高いお金の使い方だといえます。

もちろん旅行が嫌いという人もいるでしょう。嫌いなことは無理にする必要はありません。ただ、それが旅であれ何であれ、日常生活とは違う環境に身を置いてみることで、思いがけない学びが得られるとともに、非日常の体験というのは将来、何ものにも代えがたい思い出になるのではないでしょうか。

昔からいろいろな人が「旅が楽しいのは帰る家があるからだ」といいます。旅そのものが楽しいというよりも、旅が「思い出」という大きな財産を作ってくれるからこそ、生まれた言葉なのでしょう。旅の最大の楽しみは、旅が終わり、家に帰ってきたあとに、素敵な「思い出」に変わることだと思います。

（3）人にお金を使う

1．自己投資よりも他人への投資を

若いうちの自己投資には意味がある

「お金の使い方・減らし方」、3つ目のテーマは、人にお金を使うということです。

一般的によくいわれるのは、「若いうちは、自分への投資にお金を使いなさい」ということです。これはおおむね正しいと思います。

もちろん貯蓄や投資も大事なことではありますが、何よりも一番大事なことは「働いて稼ぐ」ことだからです。そのためには、働いて稼げる能力を身に付けることが重要です。

したがって、自分のスキルアップのために勉強したり資格を取ったりすることは、稼ぐ力

を向上させることになるでしょうから、これは決して間違っていません。

　ただし、年齢が中高年期にさしかかってくると、「自分への投資」は必ずしも正しいことではなくなると私は思っています。

中高年齢期の自己投資とは

　たとえば50代に入ると、「定年後にも働けるようにしたい」という気持ちから、さまざまな資格を取ろうとする人が増えてきます。そしてそれは、定年になって会社を辞めた人も同様です。

　人気のある資格としては、「ファイナンシャル・プランナー」、そして「キャリアコンサルタント」といったところでしょう。さらに難しい資格である「中小企業診断士」や「社会保険労務士」を目指す方もいます。

　もちろん資格を取ることは悪いことではないし、いずれの資格も、それなりにきちんと勉強しなければ取得することはできませんから、自己研鑽《けんさん》という点では年を取っても取り組むことは素晴らしいと思います。

　でもいったい何のためにそれらの資格を取るのでしょう？　そうした資格を取ったあと、

独立開業してそれで食べていこうということなのでしょうか。

だとすれば、資格を取っただけでは何にもなりません。なぜならビジネスをする上で必要なのは、「資格」ではなくて「顧客」だからです。どれだけ資格を持っていても、それを生かして商売をするためには顧客が不可欠です。したがって、ビジネスとして成功することを100とすれば、資格を取るというのは、おそらく最初の1％か2％、つまり入り口に立ったにすぎないということなのです。

また、本気でそのビジネスによって独立開業したいと思うのであれば、資格は必須ですから、何が何でも取ろうと必死になって勉強するはずです。ただ漠然と資格を取ろうという人よりは、はるかに合格率は高くなるでしょう。だからこそ何よりも大事なことは資格を取ることではなく、そのビジネスをやりたいという強い思いだと思います。

資格を取ることが目的化する〝罠〟

ちなみに私も、資格ということでいえば、一級ファイナンシャル・プランニング技能士、証券アナリスト、そして産業カウンセラーの資格を持っていますが、ＦＰ（ファイナンシャル・プランナー）ではありませんし、アナリストでもありません。もちろんカウンセラーとしての仕事もしていませんから、いずれの名称も名乗っていません。

ただ、それらの資格を取得する過程で得ることのできた知識や知見は、現在の経済コラムニストという仕事をする上でおおいに役に立っています。でもこれらの資格を生かして商売をしようということはまったく考えていませんでした。なぜなら、それらの仕事はあまり私がやりたい仕事ではなかったからです。

資格はあくまでも、何かをするための手段です。私のようにコラムを書く時の知識として、ＦＰやアナリストの資格があった方がよい記事が書けると思うから取得するということもあるでしょうし、実際にＦＰとして開業したいからまずは資格を取ろうということもあるでしょう。でも、資格を取っただけでは商売にならないことは忘れてはなりません。

ところが往々にして、資格を取ることが目的になってしまう場合があるのです。ですが、商売はそんなに甘いものではありませんから、資格を取るだけではおそらく１円も稼ぐことはできないでしょう。

〝人に投資をする〟とはどういうことか？

つまり、「資格の取得」という自己投資だけでは不十分なのです。それ以上に大事なことは、顧客をこしらえることです。

ではどうすれば顧客ができるかというと、営業をしなければだめです。そしてこれも、ただ単にメールを送ったり、訪問や電話をしまくったりするだけを営業と考えていたのでは、今の時代にはとても成功することは叶わないでしょう。大事なことは、「顧客になってくれるような人とたくさんつながりを持つようにする」ということです。

つまり、ビジネスで成功しようというのであれば、資格を取得する以上に、人とのつながりを持つことが大切なのです。

そのためには投資が必要です。資格取得が自分への投資だとすれば、人とのつながりを持つためには、他人に投資をすることが大切なのです。この場合の「投資」とは、単にお金を出すことだけではありません。多くの人とつながれるような〝場〟と〝機会〟を持つことです。もちろんそのために使うお金は惜しむべきではないと思いますが、出すのは必ずしもお金だけではありません。自分の労力を提供することも投資なのです。

誰か困っている人がいれば、アドバイスをしてあげる、自分にできることなら解決のために協力してあげる。あるいは解決できる能力を持っていそうな人を紹介してあげる、といった行動の数々です。

私は定年後に起業する時に一番大事なことは、「ギブファーストの精神」だと言っていますが、まさにこの考え方が、人に投資するということなのだと思います。

なぜ〝人に投資をする〟ことが大事なのか

では、自己投資よりも人に投資することの方がなぜ大事なのかについて考えてみましょう。第2章（5）で、お金は世の中に回さなければいけない、というお話をしましたが、人に投資をするというのはまさに「世の中にお金（価値）を回すこと」だからです。先ほど、お金でなくても労働でもよい、人に何かをしてあげることが大切だと言いましたが、それはまさに、労働という価値を世の中に回していくことなのです。

ある意味、お金とか価値というものはボールのようなもので、たとえばラグビーでは、パスを回していくことでだんだん攻撃にスピードが増し、パスも勢いがよくなって、最後はトライにつながるということがあります。お金や労働が生む価値も同じで、それをいろいろな人に回していくことで、だんだん膨《ふく》れ上がって、再び自分のもとに戻ってくることがあるのです。

もちろん自分のところには戻ってこないこともあります。それでも、自分が回したボール

（お金）が世の中の役に立ったのであれば、結構なことだと思います。

さて、ここまでを整理してみると、人に投資をすることによって生じるメリットは、大きく分けて2つあると考えられます。

①自分にとってのメリット

人に投資をすることで結びつきがより強固になり、結果としてビジネスの機会は拡大します。これは短期的に見れば、必ずしもギブとテイクが等しくなるわけではありません。むしろ投資した見返りのリターンが少ない場合の方が多いかもしれません。

でも長期的に見ると、バランスしているか、あるいは時間をかけて戻ってきた分、より大きなリターンを得ることができるかもしれません。投資というのは本来、そういうものだからです。

②社会にとってのメリット

より多くの人が〝人に投資をする〟、すなわち世の中にお金を回していくようになれば、それだけ社会全体の資本に厚みが増します。

社会資本というのは自分1人のものだけではなく、公共財ですから、それが厚くなるということは、世の中全体に利益をもたらすことになります。


このように、「自分への投資」は大事ですが、それ以上に「他人への投資」が重要であることがおわかりいただけたでしょうか。

さらに次からもう少し、この話を深く考えていきたいと思います。

2. 偽善でも、自己満足でもかまわない

「寄付」という行為へのネガティブな反応

お金の使い方にはいろいろなやり方があります。ここまでお話ししてきたさまざまな使い方は、いずれも有効な使い方だと私が思っていることであり、ただひたすらお金を貯め込む

ことに比べると、はるかに楽しく充実した人生を送ることにつながると思います。

そんな使い方の中で、私が特に有効な使い方だと思っているのが「寄付」です。寄付については、本書でもこれまでに何カ所かで取り上げてきましたし、すでにいろいろなメディアでも寄付の効用について書いてきました。

ところがどうも、寄付をすることについては、読者からは意外と微妙な、そしてネガティブな反応が出てくるのです。

その反映かどうかわかりませんが、第2章の（5）でも取り上げたように、日本人は世界的に見ても、あまり寄付をしないという傾向が強いようです。

金持ちだから寄付するわけではない

「なぜ日本人は寄付をしないのか？」を考える前に、なぜ世界中の人は寄付をするのでしょうか。

一般的にいわれているのは、「宗教観」の問題です。欧米で寄付が文化として根付いているのは、キリスト教の影響だといわれるのですが、これは別にキリスト教だけではなく、他の宗教でも多かれ少なかれ、貧しい人に対して施《ほどこ》すのは善行とされています。

特にイスラム教においては、「六信五行」、すなわち信徒として信じるべき６つのことと、行なうべき５つのことが定められていますが、その５つのするべきことのうちの１つが、自分の収入の一部を貧しい人に施す「ザカート（＝喜捨《きしゃ》）」なのです。

日本では多くの人が、寄付は金持ちがするものだと思っているふしがありますが、世界的に見ると決してそういうわけではありません。

以前に読んだ『朝日新聞ＧＬＯＢＥ＋』の記事に、こんな話がありました。アジアで最大のイスラム教国であるインドネシアでの話です。

「月給３００万ルピア（約３万円）の長距離バス運転手、ムハンマド・サレ（40）は、トラックを買って独立しようと２５００万ルピア（約25万円）をためていた。ところが、教材を買うお金がなくて学校に通えない子どもたちを改めて見て、考えを変えた。『金持ちじゃなくたって、寄付するのは当たり前だろ？』、そう言って彼は私立の小学校を作り、自分の貯めたお金や収入の一部をその運営に寄付した」というのです。

このように、決して大金持ちでなくても寄付をするというのは、それが文化として根付いているからではないでしょうか。さらにいえば、寄付することによって心の満足度を高めることができますから、おそらくどの宗教でも、幸福感を得るための手段として、寄付を勧めているのではないかと思います。

キリスト教やイスラム教だけではありません。「喜捨」という言葉は、「お布施《ふせ》」と同じく、もともとは仏教用語だったそうですから、仏教においても寄付することは重要だと考えられているはずです。

ただ、日本人の場合は、宗教自体が生活に根付いていないため、寄付文化がないということも考えられますが、私の場合はちょっと違う解釈をしています。

日本人があまり寄付をしない理由

それは、第1章の（3）でも触れましたが、日本人には「嫉妬の論理」があるからだろうと思います。

日本人は決して、身勝手なわけでも意地悪なわけでもありません。その証拠に、日本では昔から地域での助け合いが行なわれてきています。江戸時代には相互扶助の仕組みとして「講」がありましたが、今でも沖縄では「模合《もあい》」という形で残っています。

つまり我々日本人は、みんなと同じように頭を並べて1つのコミュニティで何かをする時にはとても協力的で献身的なのですが、1人1人が独立して何かをしようとすると、抵抗感を覚える人が急に増えるような気がします。ここでも「嫉妬の論理」と「同調圧力」という現代日本社会の特徴が見えるのです。

おそらく誰でも「寄付」は素晴らしいことだと思っているに違いありません。ところが自分でも寄付をしたいと思っていても、実際にはなかなか思い切ってできない中で、積極的に寄付をする人を見ると、ある種の妬ましさを感じるのかもしれません。

それが高じていくと、寄付をする人に対して、「あれは自己満足だ」とか「偽善だ」、あるいは「売名行為だ」とさえ言う人が出てくるのです。

自己満足でどこが悪い？

私は年間3冊ぐらいのペースで本を書いていますが、時にそのうちの1冊分の印税をさまざまな団体に寄付することがあります。これまでも「こども宅食プロジェクト」や「シングルマザーの支援」といった形で何度か寄付をしてきましたが、本書の印税もそういう先に寄付する予定です。

ところが、そういうことをSNSなどでつぶやくと、私に対しても「自己満足だ」とか「売名行為だ」という書き込みが出てくることもあるのです。

別に私はそんなことで名前を売りたいなどとはまったく考えていません。自分にできることはものを書くことなので、せめてその一部を自分にできる範囲で寄付しているだけです。それに印税を寄付するということは、この本を買ってくださった方すべてが間接的に寄付をするということになるわけですから、買った方だってきっと満足度は高いはずだと思います。

俳優で歌手の杉良太郎さんは、昔から寄付やボランティアを積極的に行なっていることで有名ですが、メディアから「杉さんの行為は売名だといわれていますが……」と聞かれ、「ええ、偽善だし、売名ですよ。あなたも売名やりゃいいじゃないですか」と返したといいます。これはじつに痛快な話です。

もちろん私には、杉さんのように何十億円もの私財を使ってボランティアをする力はありませんが、少なくとも自分でできる範囲のことはしようと思いますし、それで「自己満足ではないか?」と聞かれたら、私も「はい、もちろん自己満足ですよ。それのどこが悪いんですか?」と言い返すと思います。

寄付は極めて利己的な行為でもある

一般的に寄付するという行為は「利他の行為」といわれますが、私は「利己的な行為」でもあると思っています。それは、寄付するという行為自体に「よいことをした」「人のために役に立った」という思いが込められ、自身の満足感や幸福感が非常に高くなるからです。だからこそ、「自己満足じゃないか？」と聞かれたら、嫌味でも何でもなく「はい、自己満足ですが、それが何か？」と言えるのです。

また、「寄付をしても、そのお金がどこに行くかわからないから、しない」という人もいます。たしかに、いかにも怪しげな団体や、名前を名乗らずに街頭募金しているようなグループであれば、中にはお金を騙し取ろうとしているところがあるかもしれません。でも少なくとも国や市町村、公共団体や認定ＮＰＯ法人であれば、そんな心配はないと思います。

「いや、騙し取られるとか、そういうことではなくて、本当に被災者とか被害者に自分のお金が回らず、スタッフの給料に消えてしまっているのではないかということを言っているのだ」という人もいるでしょうが、それはそれで結構なことではないかと思うのです。

だって、どんな団体でも運営していくためには経費がかかります。その経費は、多くの人から集めた寄付の中から出さざるを得ないのです。ですからそういう人の給料とか事務所の家賃に自分の寄付が使われるのだって、立派に間接的な支援をしているのです。

そもそも、お金に色は付いていないのですから、自分のお金に印を付けて「どこへ行ったか?」などと詮索できるはずもありません。何らかの形で役に立ち、それによって自分の気持ちが豊かになるのであれば、こんな素晴らしいお金の使い方はないと思います。

寄付がもたらすもう1つの効用——税金の使いみちを指定できる

そして、寄付がもたらす効用は、心の満足や幸せ感だけではありません。もう1つの大きな効用があるのです。それは「国に対して税金の使いみちを指定できる」ことです。

もちろんどこかに国の窓口があって、税金を払う時にそこへ出かけていって「このお金はこれこれの活動に使ってください」と指定できるわけではありません。ここで言っているのは「寄付金控除」のことです。

具体的にどういうことなのかを考えてみましょう。

たとえば仮に、地震などの被害に遭った地域で活動する認定NPO法人に、5万円を寄付したとしましょう。この場合の税額控除は(5万円−2000円)×40%となりますので、1万9200円。この金額が、自分の払った税金から戻ってきます(ただし、寄付金の限度額は所得の40%)。

また、これは所得税だけですので、他に住民税も安くなります。こちらの控除額は、通常

（5万円－2000円）×10％ですので、4800円です（これは地方自治体によって計算式が異なりますので、実際には確認が必要です）。所得税と合わせると、税金が約2万4000円少なくなりますので、実際には5万円を寄付してもその半分近くは戻ってきます。

さて、ここで考えてみましょう。この戻ってきたお金はいったいどこから出ているのでしょう。それはいうまでもなく税金です。被災地には5万円が使われているわけですが、実質的に自分が出したお金はその半分くらいです。残りの金額は、国や地方自治体が徴収した税金の中から支払われているのです。

つまり、自分が寄付したことによって、その金額の半分ぐらいは国から出してもらうことになるわけですから、国に税金の使いみちを指定しているのと同じことなのです。これはとてもカッコいいお金の使い方だと思います。

「ふるさと納税」で寄付する人が増加

最近よく利用されている「ふるさと納税」も、名前こそ「納税」となってはいますが、これはじつは所得控除の仕組みを利用した寄付なのです。こちらは地域ごとの名産品などの返礼品がもらえることで人気が出ましたが、本来は人口が減少して税収の乏しい地方を応援するためにできた制度ですから、基本的な考え方は、「納税」というよりも「寄付」に近いものです。

私の個人的な意見としては、昨今のふるさと納税は返礼品目当てのネットショッピングのようになってしまっていることにやや苦々しさを覚えますが、実際にはふるさと納税で寄付をする人が増えています。この制度は、返礼品という目に見えるおまけを活用することで、寄付の習慣を前進させたという点においては、非常に上手なやり方だったのではないでしょうか。

寄付というのは、本当に食うや食わずの生活を営む人にとっては難しいことだと思います。しかしながら、必ずしもお金持ちの人ではなくても、誰もが自分のできる範囲内で、困っている人たちに対してお金を回してあげるという行為は、非常に有効なお金の使いみちであることは間違いないと思います。

（4）価値にお金を使う

1．無駄なものなど何もない

「用だけを済ませる」人生で、見落とすもの

１９１３年生まれ、２０２１年に１０７歳で天寿をまっとうされた美術家の篠《しの》田《だ》桃《とう》紅《こう》さん。その篠田さんが今から8年前に書かれた『一〇三歳になってわかったこと』（幻冬舎）という本があります。ずっと現役の美術家として活躍してこられた篠田さんだからこそ書ける、柔軟な人生の智恵が一杯詰まった本でした。

そしてその本の中に、私がとても気になった次のような一節がありました。

「人は用だけを済ませて生きていると、真実を見落としてしまいます。真実は皮膜の間にあ

る、という近松門左衛門の言葉のように、求めているところにはありません。しかし、どこかにあります。雑談や衝動買いなど、無駄なことを無駄だと思わないほうがいいと思っています」

「効率」よりも大事なもの

今は「効率」を何よりも優先する時代といってよいでしょう。DX（デジタル・トランスフォーメーション）もAI（人工知能）も、なぜこれだけ話題になり、もてはやされているのかといえば、それは効率重視の考え方が根底にあるからです。

もちろん、ビジネスにおいては効率を考えることはとても大事です。単位時間あたりの生産量はできるだけ多い方が生産性は高くなります。このため、極力無駄を省いて効率よく業務を進めることが善とされることになり、デジタル化という流れになるのはやむを得ません。

ビジネスにおいて効率性は重要ですが、人生すべてにおいてそれが重要かどうかというと、必ずしもそういうわけではありません。いやそれどころか、ビジネスにおいても、どんな種類のビジネスモデルかによっては、効率性をそれほど重視しないものもあります。

たとえば私のように、1人起業して自分が作り出す知的生産物だけで食べている人間にとって、効率性というものはほとんど無縁なのです。

私の場合は、効率よりも効果を重視しています。効率を第一に考えるのであれば、大企業には逆立ちしてもかなうわけがありません。多少効率が悪くても、効果の大きい方を選ぶのが、我々のような零細業者の戦い方なのです。

ましてやビジネス以外の生活や人生を考えた場合、効率だけを重視するというのは、あまり感心しません。なぜならば、前述の篠田さんがおっしゃるように、「用だけを済ませて生きていると、真実を見落としてしまう」可能性があるからです。ここでいう〝用だけを済ます生活〟こそ、まさに効率重視ということになるのでしょう。

昨今話題になっている『映画を早送りで観る人たち』（光文社新書）も、タイパ（＝タイムパフォーマンス）といわれる時間効率を重視する考え方なのでしょうが、少なくとも芸術作品を鑑賞する時には、効率性を重視するのはあまり相応《ふさわ》しくないのではないかと私は思います。少しぐらい無駄があってもかまわないのです。

「無駄」とは何か？

では無駄とはいったい何でしょう。

これは絶対的な価値を測って数値化できるものではありません。あくまでもその人にとっての価値の問題です。

たとえば友人とお酒を飲みに行ったとします。じつをいうと私はお酒が嫌いで、ほとんど飲みません。ですから「お酒を飲む」という行為だけに絞っていえば、私にとってお酒を飲みに行くということは時間とお金の無駄といえます。

でもこの場合、誰と一緒に行くかが価値を決めるのです。たとえ酒は飲まなくても、一緒に語って楽しい仲間であれば、その「場」を持つことに価値があるので、私はお金を惜しいとは思いません。

でも人によっては、酒も飲めないし、そもそもあまり外向的ではないので、そういう席には行きたくないという人もいるでしょう。だからそういう人にとっては、「飲みに行く」という行為は無駄といってもいいでしょう。

また、「雑談」というのも、ビジネスの世界においては無駄といえるかもしれません。しかしながら、商売のヒントや発明のヒントなどは往々にして雑談の中から生まれてくることがある、というのもまた事実です。雑談の多くは、単なる息抜きや頭を休めるためのゆとり時間ではありますが、ビジネス的な発想で考えても、それは新しいものを生み出すためのコストと考えてよいのではないでしょうか。

また、無駄の典型と思われているものに「衝動買い」があります。でも私は衝動買いだって無駄だとは思いません。なぜなら衝動買いはストレスを解消してくれる効果があるからです（これは男性にはあまり理解できないかもしれませんが）。そもそも、衝動買いをするのはあまり極端に高価なものではありません。せいぜい数万円までの、いわば自分のお小遣いで買える程度のものです。自動車や家を衝動買いするなどというのは、よほどの資産家でない限りはあり得ないでしょう。だとすれば、その程度の出費でストレス解消できるのであれば安いものです。

また、買ったあとで「失敗した！」と思うこともあるでしょうが、仮にもしそうだったとしても、それは学習効果があったということですから、決して無駄にはなりません。

世の中、何でもかんでも無駄をなくそうとすると、けっこう気持ちが萎縮《いしゅく》してしまいます。結局、世の中に無駄なものなど何もないのです。

「無駄」と「無意味」は異なる

では、世の中に無駄なものなど何もないのであるなら、何でもいいからどんどんお金を使えばいいのでしょうか？

　私は無駄なものは世の中に何もないと思いますが、「無意味」なものはたくさんあると思います。無駄なものにお金を使っても、それなりに意味はあると思いますが、無意味なものにお金を使うのはやめた方がよいと思っています。

　何だか禅問答みたいになってきましたが（笑）、私が定義する「無駄」と「無意味」は明らかに違います。人から見たら無駄に思えたとしても、自分にとって価値がある、あるいは自分が興味あるということであれば、それは決して無駄なものではありません。ですから無駄と考えてやめてしまう必要はないと思います。

　一方、無意味というのは、明らかに重複していたり、自分にはまったく興味がなかったりするものにお金をかけることです。まあ、重複といっても、うっかり歯磨きをダブって買ってしまったとかいう程度であれば、問題はありません。

　たとえば私にとって無意味なものの代表は民間の医療保険です。

　これは多くの人が誤解していると思いますが、民間の医療保険というのは、医療行為に対する治療費を出してくれるものではありません。入院時の食事代とか、通院のためのタクシー代とか、個室へ移る場合の差額料などは、公的な医療保険ではまかなえず、いずれも全額自分でお金を出す必要があります。民間の医療保険では、そういった諸々の費用をまかなうために、現金が給付されるわけです。

であるなら、貯金を持っていれば、特に問題はありません。貯金なら、使いみちは自由ですが、医療保険は該当する事由が発生しないと支払われないのが原則だからです。

もちろん、誰に対しても無意味というわけではありませんが、少なくとも私にとっては民間の医療保険はまったく無意味なものです。仮に病気になったとしても、治療費は公的な医療保険で出ますし、高額療養費制度を使えば、どんなに治療費がかかっても、月10万円もかかりません。病院へタクシーに乗って行ったり、入院中の食事代を払ったりするぐらいの貯金は持っています。

ですから私には民間の医療保険はまったく無意味ですが、人によって意味があると考えるのであればそれはかまわないでしょう。自分にとって意味があるかないかを考えるべきだと思います。

どうも現代の多くの人は、日常生活において、そして人生においてすら、無駄をなくして効率的に生きようとしているように思えてなりません。でも、もう少し鷹揚《おうよう》に考えて、お金を使うこともしてみるべきなのではないでしょうか。お金の使い方に関して、誰もが無駄をなくして効率を求めた結果、何でもかんでも「コスパのよいモノ」を求める時代になりつつあるように思います。

私はこの「コスパのよさを求める」ということが、日本人をますます貧乏にしていっているような気がしてなりません。そのあたりのことについて、次で詳しく考えてみたいと思います。

2. よいものを安く、という間違い

日本の給料が上がらない理由

先日、『日本経済新聞』を読んでいると、次のような記事がありました。記事のタイトルは「半導体技術者の求人、急増」というもので、昨今の半導体需給のひっ迫を背景に、製造各社が生産能力を高めようとしており、その影響で半導体技術者のニーズが増えてきている

という内容でした。

この記事を読んでいて目にとまったのは、技術者の引き抜きに対して提示される報酬の額が、日本よりも海外の企業の方が、1～2割、場合によっては2倍近く高いということです。

この記事を読んだあと、実際に知り合いの半導体技術者に聞いてみたところ、こんな答えが返ってきました。「私のような50代の中高年にも、今まで数十社からオファーが来ました。でも驚いたことに、日本企業に比べて海外からのオファーは、提示される報酬が3倍なのです」。たしかにこれでは、日本の技術者が海外へ流出するのもやむを得ません。

残念ながら２０００年以降、日本では給料が上がっていません。これを単にデフレの影響とだけで片付けてしまうのは、ちょっと違うと思います。私は給料が上がらなくなった、そして他の先進国に比べて生産性が高くならないのは、ある言葉のせいだと思っています。

「コスパがよい」ことが日本経済を低迷させている

その言葉は「コスパがよい」というフレーズです。いつ頃から使われるようになったのか定かではないのですが、今の世の中、「コスパ」という言葉が頻繁に使われています。「この商品はコスパがよい」とか「このレストラン、コスパ最高!」といった表現がＳＮＳでもよく出てきます。

説明するまでもないかもしれませんが、コスパというのは「コスト・パフォーマンス」の略で、日本語でいえば「費用対効果」といってよいでしょう。あるものを製造するために使った費用に対して、どれだけのリターンがあるのかを測る数字のことです。元は英語ですが、実際にこの言葉は、欧米では製造業などにおける費用と便益の計算をするための経済用語として使われているだけで、日常ではほとんど使われることはありません。

ところが、いまやこのコスパという言葉は、もう和製英語といってもよいだろうと思います。なぜなら、我が国で使われている「コスパがよい」という表現は、値段の割に満足度が高いとか、お得感があるという感覚で使われているからです。別の言い方をすれば、「よいものを安く」手に入れたり、味わったりできることを「コスパがよい」と言うのです。

でも私は、この言葉が、日本経済を長期にわたって低迷させている最大の原因だと思っています。

このように言うと、「え、コスパがよいことのどこが悪いの?」「よいものを安くというのは日本企業の技術力だし、よいことでしょう?」という人が多いと思います。

「コスパがよい」ことを求めると、際限ない地獄に陥ってしまう

たしかに「よいものを安く」買えるのであれば、それは消費者にとってはよいことに違いありません。でも我々生活者は、消費者としての一面もありますが、生産者、サービス提供者としての一面も持っています。中世の貴族ではありませんから、遊んで暮らせる人などいません。誰もが働いて稼がないと、食べていくことができないのです。

いまや働く人の9割は給与所得者ですから、会社や役所に勤めて給料をもらっています。消費者の立場からすると、よいものを安く売ってもらえればうれしいので、その会社およびその製品には人気が集まります。

でもそれを実現するためには製造コストを下げなければなりません。その最も大きなしわ寄せが、働く人の給料に来ているのです。したがって、「よいものを安く」「コスパのよいサービス」を求めれば求めるほど、それは「消費者としての自分」が「生産者・サービス提供者としての自分」の首を絞めることになってしまっているのです。

値上げしないことが美談になる困った風潮

特に昨今では、少し物価が上がるようになってきました。私は、これはとてもよいことだ

と思っています。

ところが、テレビのニュースなどを見ていると、「値上げせずに頑張っているお店」が紹介され、しかもそれが美談として取り上げられているケースをよく見かけます。

でも私は、こうした報道には強い違和感を覚えます。

考えてみてください、仮に2人の経営者がいるとします。彼らが自社の従業員に対してこんなことを言ったとしたら、どう思いますか。

経営者A：材料費は値上がりしているけれど、当社は製品の値上げはしないことにした。
だからみなさんの給料も上げることはできないけれど、我慢してほしい。

経営者B：当社は製品を値上げすることにした。当然みなさんの給料も上げます。でも製品を値上げする以上は、今まで以上に品質と性能を向上させないといけません。
だから一緒に頑張りましょう。

これ、誰が考えても「**経営者B**」の姿勢が正しいと思うのは当然ではないでしょうか。

結局、商品やサービスを購入する消費者も、それを提供する経営者も、「値上げをせず、コスパのよいものを求める」ということは、それを作ったり提供したりして第一線で働いている人の労働や付加価値を、低く見積もっているということなのです。つまり働いている人に対するリスペクトの欠如ではないかと思うのです。

時代の変化で戦略を間違えた

「でもそんなことはないでしょう。だって日本はかつては、よいものを安く提供することで利益を上げてきたし、経済も大きくなったんじゃない？　だからそのどこが悪いの？」こう考える人もいるでしょう。

でもそれは正しくありません。たしかに、１９９０年代までは「よいものを安く」というのは間違った戦略ではなかったのです。なぜなら、それまでは高度成長期で日本の人口は増えてきました。世帯が増え、消費者も増えるということは、市場が拡大していくわけですから、放っておいてもものは売れやすく、売り上げは右肩上がりに拡大していきます。

ところが人口が減少し始め、電化製品をはじめとするさまざまなものが家庭にあふれるようになると、品物は売れなくなります。いわゆる供給過剰の状況が恒常的に生まれてくるのです。

この過程で、日本の経営者はいったい何をしたのでしょう？　本来、彼らがやるべきことは、製品の付加価値を高めて価格を引き上げるべきだったのに、それをせず、安くすれば売れるとばかりに安易に値下げを繰り返していったのです。これは経営努力の放棄以外の何ものでもありません。

そうなると、給料が上がるはずはありません。製造業であれば、過剰供給分を輸出努力でカバーすることもできないことはありませんが、それができない国内サービス部門では、低賃金で過酷な労働を強いられることになってしまったということなのです。

もちろん、経営者ばかりを悪く言っても仕方ありません。我々消費者がひたすら「コスパのよいもの」を求め続けてきたことが、結局のところ経済が悪循環に入ってしまっている理由でもあります。よいものやよいサービスについては、我々がそれに見合ったお金を出すことがとても大事です。「コスパがよい」のが最高と考えるのは、それを供給するために働いている人のことに思いが至っていないのではないでしょうか。

売れているものは、高くても売れている

それに、日本の技術力が極端に低下したというわけではありません。いやむしろ逆に、よ

り高度なものを開発しようとすることが、市場を見えなくしてしまっている可能性だってあります。

この10年ほどの間にヒットした海外からの商品を考えてみてください。日本ではスマホのシェアでは、アップルのｉＰｈｏｎｅが70％近くと非常に高く、人気です。そのｉＰｈｏｎｅの最新機種は、多くが10万円以上しています。でも製造原価は３分の１程度といわれています。

また、イギリスの家電メーカーであるダイソンの扇風機は、４万円ぐらいのものが珍しくありませんが、とても人気があります。一方国内メーカーの扇風機だと１万円前後、中には数千円のものもあります。

でも、扇風機は扇風機です。ただ風を送るだけの機械に、なぜ４万円ものお金を出すのでしょう。一言でいえば、オシャレだからです。デザインがカッコいいのです。そしてそれは、スマホにおけるｉＰｈｏｎｅも同じです。これだけテクノロジーが進んだ時代ですから、機能にそれほど決定的な差が出るわけではありません。

したがって、企業側が需要を喚起するような工夫、つまりテクノロジーだけでなく、消費者が魅力を感じるような工夫をした商品を提供していないという意味で、怠慢《たいまん》だということもあるでしょう。
しかしながら他方では、性能のよいものや優れたサービスに対しては適正なお金を払うという、我々消費者側の姿勢も大事なのではないかと思います。

昨今、円安に加え、ウクライナ紛争などの影響で原材料価格が上がっていることで、物価が上昇し始めています。でも私は、これを困ったことだとは考えていません。少なくとも、長年にわたって「コスパ」だけを求め続け、ものを作ったり、サービスを提供したりする人のことに思いが至らず、ひたすらに金銭的価値だけを求め続けてきた我々が、「よいもの」や「よいサービス」に対しては正当な対価を支払うべきだということに気が付くチャンスだとすれば、それはむしろよいことだといっていいのではないでしょうか。

〈結び〉でも、こんなお金の使い方はやめよう

「見栄」と「義理」にお金を使う時代

本章の（４）の１で、「世の中に無駄なものなど何もない」「無駄使いしたって一向にかまわない」と言いました。本人が価値を認めているものなら、どんなお金の使い方をしてもよいのですが、たった１つだけ、これはやめた方がよいと思う使い方があります。

それは「見栄」と「義理」にお金を使うことです。

ところが今の時代は、おそらくかつてないほど、この「見栄」と「義理」にお金を使う時代になってきたようです。

どうしてそうなってしまったのか、そしてそのどこがよくないのかについて考えてみたいと思います。

リア充ぶりをアピールして何になる

年輩の人だと、「リア充」といわれても何のことかわからないかもしれません。これはブログやＳＮＳのようなオンライン空間での活動ではなく、現実（リアル）の生活が充実している人を指すネットスラングのことです。もともとはネットのコミュニティである「2ちゃんねる」（現「5ちゃんねる」）で使われ始めた言葉で、当初はネットコミュニティに集まる人たちが、ネットでのコミュニケーションは活発にしていても現実の生活があまり充実していないことを自虐的に表現するための言葉として使われていました。

最近では、主に写真や動画を活用したインスタグラムやフェイスブック、あるいはＴｉｋＴｏｋといったＳＮＳ上で投稿するネタとして、いろいろなところに旅行に行ったり、お洒落なカフェでアフタヌーンティーを愉しんだりしている光景を、写真や動画で撮影する人が増えています。「インスタ映《ば》え」といわれるような写真をたくさん投稿する、あるいはインスタ映えする写真を撮るために珍しいところへ行ったり、美味しそうなものを食べたりするという行動はよく見かけます。

これはつまり、旅行やカフェで過ごす自分を紹介することで、「自分はこんなに充実した生活を送っているのだ」というリア充ぶりをアピールするためにお金を使っていることに他なりません。

特に最近は、昔と違って、誰もがSNSを使うようになったために、自分で世の中の人に向けて情報発信することが容易になってきたというのも、この傾向に拍車をかけているようです。

もちろん、本人がそれで満足しているのであれば、そういうお金の使い方をしてもかまわないわけですが、それはつまり、他人に自分をうらやましがらせるためにお金を使っているということであり、あまり意味のない使い方なのではないでしょうか。フェイスブックでいくらたくさん「いいね」が付いても、投稿を見ている人のホンネはわからないからです。

うらやましがられていると思うのはその人の勝手ですが、実際には妬まれていたり、「こんなチャラチャラした投稿をして、ばかじゃないか」と思われていたりするかもしれません。「どうだ、こんな美味しいものを食べているんだぞ、すごいだろう！」といわんばかりにリア充ぶりをアピールするというのは、厳しい言い方をすれば、投稿している人の妄想にすぎません。だったらそんな妄想のためにお金を使うのはあまり意味がないと思います。

人に注目されるために物を買う心理

人をうらやましがらせるためにお金を使うというのは、ＳＮＳで投稿するために旅行や飲食をすることだけではありません。物を買うことでもそういう心理はあるでしょう。たとえば高価なブランド物のバッグや値段の高い時計を買ったりすることがあります。もちろん自分が好きなデザインや材質であるとか、そのブランドの製品の品質がよいので気に入ったということで買うのであれば、それは結構なことです。

ところが、高級なブランド物を身に付けて自分が注目されるということを期待するのであれば、それはほとんど意味がないと思います。なぜなら、そもそも自分が思うほど人はあなたのことを見ていないし、気にもかけてはいないからです。

私は定年後に年賀状を出すのをすべて廃止したのですが、ある時、昔同じ部署で仕事をした仲間と集まった時に、年賀状を出していない非礼を詫《わ》びたところ、私が年賀状を出していないということに誰１人として気付いていなかったのです（笑）。それぐらい誰も人のことは気にしないのです。

したがって、その品物を持った時に、他人からどれぐらい注目されるだろうか、自分のことをどう見るだろうか、というのは、あくまでも自分の想像の産物にすぎません。それはおそらく、他人の持っているものを見てうらやましく感じる気持ちが自分にあるから、逆に自分がそれを持っていれば人が注目してくれるはずだ、と想像するのでしょう。ということは、人にうらやましく感じてもらいたいという気持ちの強い人は、自分もまた人のことをうらやむ気持ちが強い人なのだと思います。

私は、基本的に〝人との比較〟のためにお金を使うべきではないと思います。なぜならそれはキリがないからです。「自分の心の満足が得られるのなら、ブランド物を買って見せびらかしてもいいじゃないか」という人もいるでしょう。でもそうやって高価な品を買った翌日に、また他の人がもっと高価なものを身に付けている場面に出くわしたらどうでしょう。おそらくそれまでの優越感や幸福感は消えてしまうに違いありません。

そうやって、もっとよいものを、もっと高いものをと追いかけていくと、本当にキリがなくなってしまうのです。

義理よりも人情の方が大事

「リア充ぶりのアピール」「高価なブランド物の購入」——それらの行為の多くは、自分をよく見せたいという「見栄」から生じるものです。私はこの「見栄」に加えて、「義理」にお金を使うのも、よく考えた方がよいと思います。

もちろん、社会人として生きていくためには、たとえ義理であったとしても、付き合いやお金を出す機会はやむを得ないケースがあります。でも、義理は最小限にしておくべきですし、特に、若いうちはともかく、定年近い年齢になってきたら、過剰に義理を果たす必要はないと思います。

私は60歳を過ぎて以降、自分で決めているあるルールがあります。それは、原則として慶事の出席は断るけれど、弔事は可能な限り出席するということです。もちろん、身内の人間やごく親しい友人自身が結婚する場合には喜んで出席しますが、相手も義理で呼んでいて、こちらも義理で出る結婚式には、理由をつけて出席しないようにしています。

でも、知人が亡くなった場合には、お通夜や告別式は何とか都合を付けて出席しますし、どうしてもできない場合には、供《きょう》花《か》を送ったり、後日あらためてお線香をあげに訪問したりするようにしています。

この理由は、「義理」よりも「人情」の方が大事だと思うからです。

人のためにお金（時間）を使う大切さ

近親者の葬儀を経験した方ならおわかりになると思いますが、自分が喪主として葬儀に臨む時、多くの人が来てくれたり、お花や弔電をいただいたりするのは本当にありがたいという気持ちになるものです。家族が亡くなった悲しみをほんの少しであっても癒《い》やしてくれます。たとえばそれが自分の父（母）であった場合、想定以上に多くの人が参列してくれると、「ああ、父（母）はこんなにもたくさんの人に慕《した》われていたのだ」という感情が湧いてくるでしょう。

つまり、葬儀やお通夜に参列すること自体が、多少なりとも遺族の心情を癒やすことにつながります。言い換えれば、「弔事」への参列は、人のためにお金（時間）を使うということなのです。

ところが結婚式の場合、一番うれしいのは本人たちです。もちろんたくさんお祝いに来てくれたらうれしいでしょうが、それは自分たちにとってごく親しい人であって、自分の両親の仕事関係の取引先や以前の上司などには、ぜひ出席してほしいという気持ちはあまりないと思います。全部が全部とはいいませんが、ある程度の年齢になってくれば、「慶事への参列は義理、弔事への参列は人情」というのが一般的だろうと思います。

結局のところ、突き詰めて考えていくと、「見栄」も「義理」も、人が自分をどう見ているかということに行き着くのだと思います。でも前述したように、自分が意識するほど人は自分のことを見ていません。

だったら、「人からどう見られているか」にお金を使うよりも、「自分がどれぐらい楽しいか」にお金を使った方がはるかによいと思います。

世の中に無駄なことなど何もありませんが、人との比較に使うお金、人からどう見られているかを意識するために使うお金だけは、使い過ぎない方がよいと思います。

第5章

お金よりも大切なもの

——お金に人生を支配されないために

〈序〉お金より優先すべきものは

お金よりも大切なものは世の中のものすべて

さて、いよいよ最後の章となりました。ここまでは「人々が抱くお金に対する歪んだ意識」から始まり、「お金の本質」「人々がとらわれているお金の呪縛」、そして「お金を有効に使うにはどうすればいいか」についてお話をしてきました。

最後は「お金よりも大切なもの」について考えてみたいと思います。

「お金よりも大切なもの」というと、「お金よりも大切なものは世の中にたくさんある」という人もいれば、「それは負け惜しみだ。やっぱりまずお金があってこその人生だ」という人もいます。

ところが、「はじめに」で書いたように、この相反する意見はどちらもお金の本質を理解しておらず、単にお金の呪縛にとりつかれているだけで、見ている方角がそれぞれ反対からというだけの話なのです。つまりどちらも少しピント外れで、あまりものごとを深く考えていないような気がしてなりません。大げさにいえば、本書を書いたのはこのあたりのことを少し深く考えてみたいと思ったからです。

　お金よりも大切なものは何かといえば、多くの人は、家族、友人、健康、そして愛情といったものを想像するでしょう。「お金よりも大切なものは世の中にたくさんある」と考える人たちは、真っ先にこれらを思い浮かべるはずです。一方、これらはしばしば、お金の魅力に負けてしまうこともあります。これはある意味、残念なことですが、事実です。だから「やっぱりお金があってこその人生だ」と考える人も出てくるわけです。

　でも私は、そういう抽象的な概念を、お金の議論にはあまり持ち込まない方がよいと思います。これはごく単純なことなのです。「お金よりも大事なもの」、それは世の中のものすべてだと私は思います。

　第2章でもお話ししたように、お金自体は単なる記号であって、価値を表す尺度にすぎません。目の前に1億円の札束があっても、それだけで生きていくことはできません。お金だけあっても、食べるものがなければ死んでしまうからです。だから1個のパンや1杯のご飯、それらを作るために働いてくれている人や、売ってくれる人がいないと、我々は生きていけないのです。

お金の値打ちというものを根源的に考えていくと、そういう結論に行き着きます。つまりお金は、①自分にとって必要なものを手に入れるため、そして、②お金よりも大切なものを守るため、に存在する単なるツールと考えるべきです。

お金よりも優先すべき事柄とは？

そもそも人生の目的は「お金持ちになること」ではありません。「幸せに生きること」であるはずです。そのためにはお金を使う必要もある、というだけにすぎません。したがって、お金を貯めたり増やしたりすることはそれ自体が目的なのではなく、幸せになるための手段として「お金を使うこと」が必要になるから、ある程度あった方がよいということなのです。

でも前述した、家族、友人、健康そして愛情、といったものは、お金があったからといって手に入れることができるというものではありません。したがって、テレビＣＭではありませんが、これらはまさにプライスレスのものであり、お金と比較することはできないのです。

一方、「もしもお金とそれを並べられたら、どちらを取るか？」という観点で考えた場合、お金よりも優先すべき事柄というのはあります。それらは、絶対とまではいえないにしても、ほとんどの場合、お金よりも優先すべきではないかと私が考えていることです。

本書の最後である本章では、それらの事柄について考えてみたいと思います。

その事柄とは、次の4つです。

（1）時間
（2）信用
（3）健康
（4）幸福感

これらがなぜお金よりも優先すべきことなのか、それが理解できれば、お金に振り回されることもなく、歪んだ意識も少しは変化してくるのではないでしょうか。

そしてまた、本書においていろいろと述べてきた「お金の使い方」についても、なぜそういう使い方をすべきなのかを、より深く納得して理解いただけるのではないかと思うのです。

この最終章では、これらの4つの事柄について、なぜお金よりも優先した方がいいかということを、1つ1つ考えていきたいと思います。

(1) 時間

「時は金なり」の意味

日常生活や仕事の場において、「時は金なり」という言葉がしばしば使われます。この言葉は「Time is Money」を翻訳したものです。

この言葉はアメリカ合衆国で18世紀に活躍した実業家、科学者、そして政治家でもあったベンジャミン・フランクリンが述べた言葉だとされています。彼の著書『Advice to a Young Tradesman（邦題：若き商人への手紙）』の中に“Remember that time is money”というフレーズが出てくるからです。

また彼の自伝を読むと、自分の理想を実現するために彼が自分の信念をまとめた「13の徳目」というのが出てきます。その中の6番目の「勤勉」には、「時間を空費するなかれ。つねに何か益あることに従うべし。無用の行ないはすべて断つべし」とありますから、やはり時間が大事であるという考え方は一貫して持っていたのでしょう。

多くの人はこの言葉の意味を「時間を無駄にしてはいけない。時間はお金と同じぐらい大切なものだ」と理解していたり、中には「時間はすべてお金に換算して考えないといけない」と考えていたりする人がいますが、これらの解釈は少し違っていると思います。

機会費用の考え方

そもそもフランクリンは何を言いたかったのかというと、それは「機会費用（Opportunity Cost）」のことだったのです。「機会費用」とは、いわば経済学の最も基本になる考え方であり、私は個人的には、機会費用の考え方が理解できれば、経済学の基本は７割ぐらい理解したといってもよいぐらいだと思っています。

では、「機会費用」とはいったいどういうことか？

それは、「１つの行動を選択したことによって失われてしまう、その選択肢以外を選んだ場合に得られたであろうはずの利益のこと」をいいます。ちょっと抽象的なので、具体的な例を挙げてお話ししましょう。

たとえば、高校を卒業する時は、大きく分けると２つの選択肢があります。１つは大学へ進学すること、そしてもう１つは就職して働き始めることです。自分が大学へ行くという選択肢を選んだ場合、もう１つの選択肢、すなわち働き始める場合と比較すると、どうでしょう。少なくとも４年分の働いて得られる収入は入ってきませんね。ということは、すなわち大学へ行くことによって４年分の給料を捨てることになるわけです。

この捨てる分の金額が「機会費用」となります。ですから、本来ならそれだけのお金を手に入れる機会を放棄しても、大学へ行くことのメリットが大きいと考える場合、自分にとっては大学へ行く価値があるということになります。

このように何かものごとを決める時には、すべて機会費用を考えるべきなのです。

時間は有限だから

ではなぜ、機会費用という考え方が重要なのでしょう。

その答えは、「時間が有限」だからです。時間が無限にあるなら、考え得る選択肢をすべて実行すればいいわけですが、18歳から22歳までの４年間は、人生においては二度と訪れません。その間、早く社会人経験をして収入を得ると同時に将来稼げるようになるための訓練を積むべきか、あるいは４年間勉学や交友に勤しんで自分のスキルを高める方がよいか、その選択をする際の1つの考え方が「機会費用」というわけです。

経済学というのは「限りある資源をどう使えばみんなが幸せになれるか」を考える学問ですが、最も限りある資源は「お金」と「時間」です。だからこそ経済学においては、お金と時間を扱う「機会費用」という考え方がとても重要なのです。

同じ時間を使うのであれば、どうするのが一番利益になるかを考える——ベンジャミン・フランクリンが「Time is Money」と言ったのはこういうことなのです。

お金よりも時間の方が大事な理由

このように時間というのは限られた資源ですから、お金と同様、大事なものであることは間違いないのですが、さらにいえば、お金以上に時間の方がずっと大事です。

なぜなら、お金と違って時間は、貯めておくことができないし、増やすこともできないからです。

仮に百歳まで生きる人がいると仮定した場合、生まれた時点では百年分の時間を持っていますが、生まれた瞬間から刻一刻とそれは減っていきます。時間の経過を止めておくことなど誰もできませんから、貯金はできても、「貯時」などということは絶対にできないのです。

長生きすれば百年の時間をもっと増やすことはできるでしょうが、何歳まで生きられるかは誰もわかりません。ですから意図して自分の時間を増やすということもできません。

失っても取り戻せたり、将来に備えて貯めたりすることのできるお金と違い、代替性のない「時間」というのは、お金よりも優先すべきだというのは、こういう理由だからです。

「時間を味方につける」という考え方

投資の世界では「時間を味方につける」ということがよく言われます。これは長期投資が有効であるということを、別の言い方で表現したものです。

この節で論じた「限られた資源としての時間の有効性」とは少し意味が異なりますが、時間をかけて投資することによって、価格変動のリスクを平準化したり、上がった利益を再投資したりすることで長期に複利の効果が得られるわけですから、意味は違っても、時間の重要性という点では同じことです。

そしてこの場合は、若い人ほど、持っている時間、活用できる時間の量は大きいわけです。したがって、お金以上に時間の方が重要なのであれば、若い人の方がむしろ貴重な財産はたくさん持っているという見方もできます。

であるからこそ、若い人は豊富な時間という資源を使って稼げばいいわけですし、残りの時間の少ない（私のような）高齢者の場合は、お金以上に時間の有効な使い方を考えていくべきなのではないでしょうか。

それに、年齢に関係なく、誰でも今日が、残りの人生で一番たくさんの時間資産を持っている日なのですから、思いついたらすぐにやればよいと思います。

（2）信用

ビジネスにおける「信用」の優先順位

人と人との付き合いにおいて、「信用」というのはとても大事なものであることに、誰も異論はないでしょう。

ただ、仕事以外の普段の人とのお付き合いにおいては、「信用」というほど大げさなことを意識することはあまりありません。単なる飲み会の約束や、一緒に遊びに行こうという計画があったとして、その約束をドタキャンしても、それほど強く非難されることはあまりないと思います。

ところがじつは、仕事以外の約束だって、とても大事なのです――が、それはまた後述するとして、まずはビジネスを行なう上で、お金よりも「信用」に優先順位を置くべきであるというお話から入っていきたいと思います。

サラリーマンには理解しづらい

　ビジネスにおいて「信用」が何よりも大事であることはいうまでもないのですが、正直なところ、サラリーマンはこれがなかなか理解できていないのです。それは私も定年までサラリーマンをやっていたのでよくわかります。

　もちろん「ビジネスでは信用が何よりも大事」というのは理屈としてはわかっていますが、じつをいうとサラリーマンにとって、この言葉は所詮、お題目でしかないのです。本音のところでは、顧客からの信頼よりも、上司からの評価の方がはるかに大切だったりします。ですから言葉としては口に出していても、腑《ふ》におちていないのです。

　でもこれは仕方ありません。なぜなら、サラリーマンにとって、「信用」というのは、自分で作るものというよりは、最初から「会社」にあるものだからです。特に上場企業に勤めているような人なら、その名刺を持っているだけで信用されます。自分に特段のミスがない限り、何もしなくても信用を失うことはありません。

　いや、もし仮に自分のミスがあったとしても、会社の信用に傷が付くまでに至ることはほとんどないでしょう。少しぐらいのミスであれば、相手もおそらく「まあ中にはそんな人もいるでしょうね。もっとよい担当者に変えてもらいましょう」ということで、大概は一件落着すると思います。

もちろん、そんなミスを何度もすれば、社内での評価も下がるでしょうが、致命的なミスでない限りは、一度や二度の間違いで大きく評価を下げられることはないはずです。

自営業は「信用」が金になる

ところが、自営業やフリーランスで仕事をしている人はまったく違います。私は60歳までサラリーマンをしていて、その後、自営業に転じて10年になりますが、自営業においては何よりも「信用」が大事、お金なんかよりもはるかに大事だということがつくづくわかりました。

前述のように、サラリーマンの場合、仮に失敗して信用をなくしても、社内において「あいつはいい加減な奴だ」といわれるだけで、悪いことをしたり、よほどミスを続けたりして成績が格段に悪くならない限りは、クビにもなりませんし、降格ということもないでしょう。

ということは、信用をなくしても、それだけで収入が減ることはまずないのです。つまり、サラリーマンにとっては、「信用」と「お金」の関連が、いまひとつ実感としてはないということです。

ところが自営業の場合、信用をなくすと、あっという間に収入は激減します。なにせ仕事がこない限り、収入も入ることはありませんから、信用を失うということは、たちまち食べていけなくなってしまうことを意味するのです。

逆にいえば、信用されると、仕事は放っておいても向こうからやってきます。それまでに提供した役務が一定以上の評価を得て、それが継続するようであれば信用されますし、約束したことは必ず守る、あるいは相手の期待をほんの少しでも上回るパフォーマンスを上げることができたら、信用されますので、また仕事を得ることができるのです。

これは40年近くサラリーマンをやった後に、10年間自営業をやってみたからこそわかることです。

いくら金を積まれてもやらない仕事

１つの例を挙げてみます。私はいくら高額の謝礼を出すといわれても、絶対に引き受けない仕事があります。それは自分の専門分野に関する業界の広告に出ること、そして記事広告に登場することです。

記事広告というのは、一見すると対談記事のように思えるけれど、じつはその会社の商品やサービスをさりげなく宣伝しているものです。つまり、記事の体裁をとっている広告なのです。私も何度か声を掛けてもらったことはありますが、すべて断りました。

なぜかというと、そういうものに出てしまうと、自分の信用を失うからです。私の場合、元は金融機関に勤めていましたが、現在はどこの組織にも属さず、自分が金融機関時代に培った経験や知見を「投資家の立場からの目線」で発信するという仕事をしています。つまり、金融機関に対していっさい忖度《そんたく》することなく、自分の信ずるところや感じるところを記事にしたり講演したりしているのです。

そういう私の意見に対して反論する人も当然いますし、逆に賛同して支持してくれる人もいます。私の基本的な姿勢は、特定の金融機関や金融商品を推奨したり称賛したりすることはしないということです。私にとっては、そんな私の姿勢に共感して私のファンになってくれる人が、本当にありがたい存在なのです。

もちろん個人的によいと思う商品はありますが、それはあくまでも私個人の好みであったり、私に合う商品であったりというだけです。どんな商品やサービスにもメリットとデメリットはありますので、それをできるだけ明確にして伝え、よいか悪いか、自分に合っているかどうかは、読んだ人に判断をしてもらいたいと思っているのです。

ところが、金融機関の記事広告に登場して、その金融機関が販売する商品をヨイショしてしまうと、普段言っていることと違うことをしてしまうことになります。そうすると、私を支持してくれている人の信用を失ってしまうことになります。そうなると、以後の仕事もだんだんなくなっていくに違いありません。だからどれだけ高い報酬を提示されても引き受けることはしません。私にとっては、お金よりも信用の方がはるかに大切なのです。

「信用」は仕事の約束を守ることだけではない

冒頭に、仕事以外の約束もとても大事だということを書きました。たとえば、挨拶代わりに、「そのうち食事でも行きましょう」とか「今度飲みに行こうぜ」みたいなことはよくありますが、こういう他愛のない会話の中でも約束したことは必ず守るということが、信用につながるのです。

数年前に亡くなられた美容家の佐伯チズさんと、以前、福岡で一緒に講演する機会がありました。前日に主催者との親睦も兼ねて佐伯さんと会食をした時のことです。佐伯さんが、あるケーキがとても美味しいというお話をされました。私もつい「へえー、そうなんですか、それは一度ぜひ食べてみたいですね」と漏らしたところ、「あ、それだったら送ってあげますよ」と言われ、私も「そうですか！　ありがとうございます」という会話を交わしたことを覚えています。でもそれはいってみれば酒席での会話ですから、次の日にはそのことをすっかり忘れていたのです。

ところがその翌日、東京の自宅に帰ると、何と佐伯さんからそのケーキが届いているではありませんか。私は驚いてすぐにお礼状を書いたのですが、こうやって何でもない約束でも、自分が口に出したことは遅滞なくきちんと守る方なのだなということに驚くと同時に、これが一流の人なのだということをつくづく感じたものです。

(3) 健康

健康を失わないうちにお金を使う、という発想

人生において、健康はとても大切なものであることはいうまでもありません。これについては異論を唱える人はあまりいないでしょう。お金と健康とどちらを優先すべきか、という問いに対して、ほとんどの人は「健康」と答えるはずです。

私も現役時代に多くの富裕層の人たちと付き合いがありましたが、中には健康を害しておられる人もいました。そういう方々はみなさん口を揃えて「健康が回復されるのなら、いくらお金を使ってもかまわない。無一文になってもいいから健康を取り戻したい」とおっしゃいます。これはまったく本音だろうと思います。健康というのは失って初めて、その大切さがわかるからです。

とはいえ、ここでの主旨は「健康維持のためにもっとお金を使いなさい」ということでは

ありません。健康をお金で買うことはできないからです。健康を維持するのに大事なことは、生活習慣に気を付けることではありますが、いくら気を付けていても、絶対に病気にはならないという保証はありません。体質的な問題や遺伝の影響もあり、注意をしていても病気になることはあり得ます。だからお金と健康というのは直接結びついたり、その間に何らかの因果関係のあるものではないと考えるべきでしょう。

ここで考えたいのは、健康であるうちにお金を使うことをもう少し考えてもいいのではないかということです。

沖縄旅行で考えたこと

いくらお金を持っていても、健康でなければ決して幸せではないというのは、誰もが異口同音に言うことです。でも年をとるにしたがって、どこかしら身体の不具合は出てきます。そしてそれはしばしば不可逆的であり、いったん害した健康は、取り戻せない場合もあります。つまり年齢とともに、やりたいと思っていることができなくなる可能性があるということです。

数年前に妻と沖縄に旅行した時、人生で初めてのシュノーケリングに挑戦したいと思いました。当時私の年齢は66歳、もちろん健康体です。

ところがいくつかのツアーに問い合わせたところ、どこも65歳以上は参加できないという答えだったのです。高齢者はリスクが高いから、もし事故が起きた場合に責任を問われたくない、ということだろうと思います。

私は「すべて自己責任で、何が起こっても責任は問わない」と一筆書くからと言ったのですが、ダメでした。でも、これは仕方のないことで、業者を責めるわけにはいきません。

このように年齢とともに、自分ではできると思っていても許可されないことはたくさんあるのだろうと思います。

同じように、今はまだ、どこへでも旅行に行けます。この数年はコロナ禍で海外旅行には行かなくなりましたが、２０１９年までは毎年のように海外に出かけていましたし、海外でもレンタカーを借りて移動をしていました。

でもいずれ、自分で運転することもできなくなるでしょうし、そもそも海外にも行けるのもあと何年だろう、と考えるようになっています。であるならば、行けるうちに行っておいた方がよい、いつ何時、健康が悪化して、旅行すら行けなくなるかもしれないのだから、と考えるのは当然でしょう。

旅行に行けなくなる理由の変化

自分の若い頃を振り返ってみると、今ほどは旅行に行けませんでした。その理由は、お金がなかったからと、仕事が大変で旅行に出かける時間が取れなかったからです。おそらく私と同様、多くの人にとって、若い頃に旅行に行くのを妨げる理由は、「お金と時間」だったと思います。

ところが60歳で定年になり、その後、仕事をしないのであれば、時間はたっぷりあります。また、若い頃に比べれば蓄えも多少は増えていることでしょう。でも逆に、健康はだんだん不安が高まります。すなわち旅行に行けなくなる理由が、「お金と時間」から「健康上の理由」に変わる可能性があるのです。

だとすれば、行くべき時期に、お金を惜しんで行きたいところへ行かない、やりたいこともしないというのは、人生において大きな損をしていることになります。

前にも書いたように、人生の最後で一番大切になるものは、「それまでの思い出」です。どれだけたくさんの思い出に囲まれるかが、晩年の幸福感に大きな影響を与えることでしょう。であれば、健康に不安がなく、さまざまな体験ができるうちにお金を使って、それをしておくべきではないかと思うのです。

そういう意味でお金と健康を考えるべきです。つまり、健康を失わないようにお金を使うのではなく、健康が失われないうちにお金を使うということです。

必要以上に老後不安を持つなかれ

第3章の（1）でも書きましたが、我々は得体の知れない「老後不安」というナラティブに惑わされているような気がします。もちろん、すべての人に老後不安がないとは言いませんが、普通にサラリーマンをしていた人であれば、投資や事業で大きな失敗をしない限り、老後生活はそれほどひどいことにはなりません。

実際に、第3章の114頁でも触れましたように、厚生労働省の「国民生活基礎調査　2021年版」によれば、収入の8割以上が公的年金だけという世帯の割合は58・2％です。私自身も、日常生活費はほぼ公的年金と同じくらいの金額だけでまかなっていることは、ここまでにも何度か述べてきました。

それに、一般的にいえば、年を取るにしたがって生活費は減る傾向がありますし、医療費は年を取るにつれて自己負担が少なくなるというのも、多くのファイナンシャル・プランナーの方が指摘することですので、必要以上に不安視することはないと思います。

90歳までにお金は全部使い切る

私自身は、自分が持っているお金は、なるべく90歳までに使い切ってしまおうと思っています。これまでにも述べてきたように、私は旅行が一番の趣味で、これに一番たくさんお金を使います。さきほど、公的年金だけで日常生活をまかなっていると言いましたが、公的年金だけで行ける旅行は、せいぜい近場の温泉に年1～2回行くのが限度です。したがって、旅行に関する費用は日常生活費とはまったく別勘定で、これは現在も私が働いて稼いでいるお金を主に使っています。

でも、仮に90歳まで生きたとしても、それ以降は体力的に旅行に行くことは難しくなるでしょうから、もう旅にお金を使うことはあまりなくなるでしょう。

それに、年齢とともに日常生活費もそれほどかからなくなります。私は今でも公的年金とほぼ同じ額だけで生活しているので、90歳以降ともなれば、公的年金で十分お釣りがくると思います。

だから、元気で活動できる今のうちにお金を使うべきであり、90歳までに使い切ってしまおうと考えています。大切な健康が損なわれる前に、お金は使うべきだと考えるからです。

第3章の（5）で紹介した本、『DIE WITH ZERO』にも、「お金の価値は加齢とともに低下していく」というくだりがあります。加齢とともに健康不安は増大します。その時点でいくらたくさんお金を持っていても、健康が損なわれてしまっていては価値がなくなってしまうからこそ、お金の価値は低下していくわけです。

であるなら、価値の下がらないうちに使ってしまおうというのは、合理的な考え方ではないでしょうか。

（4）幸福感

幸福と幸福感

お金よりも大事なものの最後は「幸福感」です。

本書でもたびたび繰り返しましたが、人生の目的は「お金持ちになること」ではなく、「幸せになること」です。お金は幸せになるために必要な要素の1つにすぎませんから、お金よりも幸福の方が大事であることはいうまでもありません。

では、幸福とはいったい何を指すのか、どういう状態になれば幸福になるのでしょう。

これはおそらく、人によってまったく異なると思います。他人から見れば「たくさんのお金」「健康な身体」「素敵なパートナー」――そういったものを持っている人は幸福に見えます。でも、その人が幸福なのかどうかは他人には決してわかりません。つまり幸福というのはとても主観的なものなのです。

したがって、大事なのは幸福そのものではなく、「幸福感」を持っているかどうか、すなわちその人にとって幸福だと感じられることがあるかどうかということではないでしょうか。

では、人はどんな時に幸福感を得ることができるのでしょう。

それは次の２つの時だと思います。

①自分の好きなことをする時
②承認欲求が満たされる時

「職業の道楽化」と「努力の娯楽化」

まずは「自分の好きなことをする」ことで得られる幸福感を考えてみましょう。これは必ずしも趣味や道楽をやるということに限りません。

明治時代の林学者であり造園家でもある本《ほん》多《だ》静《せい》六《ろく》という人がいます。彼はその著書『私の財産告白』（実業之日本社）の中で、「人生の最大幸福は職業の道楽化にある。富も、名誉も、美《び》衣《い》美《び》食《しょく》も、職業道楽の愉快さには比すべくもない」と述べています。

また、一橋大学大学院教授の楠《くすの》木《き》建《けん》氏は「仕事で努力しても大概うまくいかない。そもそも『努力しなきゃ』と思うのは嫌いなことだったり、自分に向いていなかったり、義務的にやらねばならないことだからだ。確かに努力は必要だが、それは周りから見れば努力かもしれないが、本人はそれを楽しんでやっている。つまり努力の娯楽化が大事だ」と言います。

「職業の道楽化」「努力の娯楽化」、これらはいずれも、自分のやりたいことや好きなことを仕事にする、ということです。これは私のようにサラリーマンを定年退職して、自分で仕事を始めるようになった人間には本当によくわかります。なぜなら、今の私にとって最大の趣味は仕事だからです。サラリーマン時代はあんなに嫌で嫌でたまらなかった仕事がなぜ、今はこれほど楽しいのかということを考えてみると、どんな仕事をするにしても自分にほぼ100%の裁量権があるからでしょう。

「好きなことを仕事にする」ということが大きな幸福感をもたらしてくれるというのはまったくその通りだと思います。一般的な趣味や道楽というのは、仕事の合間にやるから気分が変わって楽しいわけで、四六時中やっていたのでは、それはもはや趣味ではなく仕事です。でもその仕事が本当に自分の好きなことだとしたら、これ以上楽しいことはないでしょう。

承認欲求が満たされる時

次に「承認欲求」について考えてみましょう。これは、わかりやすくいえば、人から認められたいとか感謝されたい、あるいはよく思われたいという気持ちのことです。つまり、自分1人ではなく、人との関係において成立することなのです。

そもそも人間というのは社会的な動物ですから、生涯を1人で過ごすことはできません。これは別に結婚するとか独身でいるとかいうことではなく、生きていくためには人とのつながりや関係を全部断ち切ることはできないということです。

だからこそ、自分の知っている人や世の中の人からよく思われたい、認められたい、ということが幸福感を得ることになるのです。

でも考えてみると、それはとても不安定なことです。なぜなら、人の気持ちをコントロールすることはできないからです。よかれと思ってやっていることが、ちっとも認められない、評価されないということは誰もが経験したことがあると思います。そういうことが続くと気持ちは焦り、落ち込みがちになってしまいます。

だからこそ、人からよく思われたいということに依存し過ぎることは危険なのです。

2つの承認欲求

私はそもそも、承認欲求を満たしたいという気持ちには2種類あると思っています。

1つは、先ほどから書いているように、他人からよく思われたいという気持ちです。第4章の〈結び〉で述べたように、インスタ映えを狙って写真をアップしたり、自分のリア充ぶりをアピールするために投稿したりするという行動は、いずれも誰かからうらやましいと思われたり、ほめてもらえたりすることを期待してのことです。たしかにこれらの行動は、狙い通りにいけば、承認欲求は得られるでしょうし、自分の幸福感は高まります。

でも、ひょっとするとそれは、自分の独りよがりかもしれません。本当は「あんないいところへ行きやがって、いいご身分だな」とか、「あんな高いものを買って、よくお金あるよね」などといった嫉妬心のようなネガティブな感情を持たれているかもしれないのです。

さらに厄介なことに、多くのＳＮＳは情報発信するだけの一方通行ではなく、「いいね」がどれだけたくさんついたか、という評価も目に見えます。いつ自分に対する興味が失われるかわからないため、「いいね」の数が激減することのないよう、さらなる称賛を求めて次第にエスカレートしがちです。

そしてそんな行動を続けることで、キリのないアリ地獄に陥ってしまうことになりかねません。結局、多くの人をうらやましがらせるためだけにお金を使うことになってしまいかねないのです。

一方、承認欲求を満たしてくれるもう１つの気持ち、それは「**感謝される**」ということです。人が何かをする時に、一番モチベーションが上がるのは、「人の役に立っている」ということが感じられる時です。現役時代の仕事では、報酬の多寡もモチベーションに大きく影響しますが、つまらない仕事でも報酬が高い場合と、報酬はそれほどでもないけれど面白い仕事があるとしたら、後者を選ぶという人は案外多いのではないでしょうか。ましてや定年で引退した後に、最も強く生きがいを感じるのは、まさに「自分が世の中で誰かの役に立っている」ということが感じられる時でしょう。

しかも「感謝される」と言いましたが、仮に誰からも感謝されなくても、自分が人のためになることをやったということの満足感はとても大きなものです。人から「うらやましがられる」ために何かをするというのは、どことなく負のエネルギーのような気がしますが、「誰かの役に立つ」ためにすることは、大きな正のエネルギーだと思います。

なぜなら、それは、誰かにほめてもらったり、うらやましいと思ってもらったりする承認欲求とは異なり、人が介在せずとも幸福感を得ることができるからです。他人の評価ではなく、自分の行動が幸福感をもたらすのであれば、まさに「正のエネルギー」であるに違いありません。

こうして考えてみると、ひとくちに「幸福感」といっても、それほど単純なものではなく、人によってさまざまであることがわかります。ただ、大事なことは、あくまでも他人との比較ではなく、自分自身の尺度や感情を優先することを忘れてはならないということだと思います。

おわりに

最後までお読みいただき、ありがとうございます。

私は40年近くにわたって証券会社でお金を扱ってきましたし、「儲かった、損した」ということで悲喜こもごもの人たちとたくさん接してきました。おそらく普通の人よりはほんの少しだけ、お金と接する機会は多かったと思っています。それだけに今回は、「お金」というものに対して少しだけ深く考えてみようと思ったのです。

もちろん、この本を読んでいただいたからといって、それで誰もがすぐにお金に対する考え方が変わるとは思いません。ただ、忙しい毎日の中で、少しの時間でもちょっと立ち止まって、お金の本質について振り返ってみたら、それまで考えもしなかった新しい気付きが生まれるかもしれない、その手助けができればと思ってこの本を書きました。

もちろん、お金は大事です。何をするにしてもお金は必要です。だから、若い人にとっては、本書の内容が、すぐに役に立つものではないかもしれません。でも、ある程度の年齢になった人にとっては、ただひたすらお金を増やすことよりも、それをいかに使って減らしていくかをもっと考えた方が、ずっと楽しい人生になると思うのです。

人生の目的はお金持ちになることではありません。楽しく過ごして幸せになることです。そのためには家族や友人は大切な存在ですが、加えて「モノやサービス」の存在も不可欠です。なぜならそれらは、世の中の問題や自分にとって必要なことを解決してくれるからです。

でも、解決してくれるのは「お金」ではありません。モノもサービスも、すべてお金を受け取った「人」が提供してくれるから、問題が解決するのです。だからこそ私たちは〝お金に対する尊敬ではなく、モノやサービスに対する尊敬〟、そしてそれを提供してくれる「人」に対して敬意を払うべきだと思います。

大げさにいえば、日本で長い間経済が成長しなかったり、働く人の給料が上がらなかったりしたのも、お金の呪縛にとらわれ、人や物に対する敬意が足りなかったからなのではないかと思っています。本書が１人でも多くの人に、そういうことに思いが至るきっかけになってくれれば、これに勝る喜びはありません。

最後に本書を書くにあたってさまざまな相談、そしてサポートをしていただいた光文社編集部の草薙麻友子さんにこの場を借りて御礼を申し上げたいと思います。

【参考文献】

・稲田豊史著『映画を早送りで観る人たち』光文社新書、2022 年
・大江英樹著『知らないと損する年金の真実』ワニブックス、2021 年
・大江英樹著『となりの億り人』朝日新書、2021 年
・楠木建著『「好き嫌い」と才能』東洋経済新報社、2016 年
・篠田桃紅著『一〇三歳になってわかったこと』幻冬舎、2015 年
・渋沢栄一著『論語と算盤』角川ソフィア文庫、2008 年
・田内学著『お金のむこうに人がいる』ダイヤモンド社、2021 年
・高槻泰郎著『大坂堂島米市《こめいち》場《ば》』講談社現代新書、2018 年
・ダニエル・カーネマン著、村井章子訳『ファスト＆スロー（上）（下）』ハヤカワ・ノンフィクション文庫、2014 年
・デヴィッド・グレーバー著、酒井隆史監訳、高祖岩三郎・佐々木夏子訳『負債論』以文社、2016 年
・中野信子・ヤマザキマリ著『生贄探し』講談社＋α新書、2021 年
・ビル・パーキンス著、児島修訳『DIE WITH ZERO』ダイヤモンド社、2020 年
・フェリックス・マーティン著、遠藤真美訳『21 世紀の貨幣論』東洋経済新報社、2014 年
・ブロニー・ウェア著、仁木めぐみ訳『死ぬ瞬間の 5 つの後悔』新潮社、2012 年
・ベンジャミン・フランクリン著、ハイブロー武蔵訳・解説『若き商人への手紙』総合法令出版、2004 年
・本多静六著『私の財産告白』実業之日本社、2005 年
・三田紀房著『インベスター Z』第 2 巻、講談社、2013 年
・森博嗣著『お金の減らし方』SB 新書、2020 年
・ロバート・J・シラー著、山形浩生訳『ナラティブ経済学』東洋経済新報社、2021 年
・渡辺由佳里著『アメリカはいつも夢見ている』KK ベストセラーズ、2022 年

【図版クレジット】

P89 和同開珎：「日本語版ウィキペディアの As6022014 さん」，CC BY 3.0, https://commons.wikimedia.org/w/index.php?curid=49884591 による

大江英樹（おおえひでき）

1952年大阪府生まれ。経済コラムニスト。大手証券会社で個人資産運用業務や企業年金制度のコンサルティングなどに従事。定年まで勤務し、2012年に独立後は「サラリーマンが退職後、幸せな生活を送れるように支援する」という理念のもと、資産運用やライフプラニング、行動経済学に関する講演・研修・執筆活動を行っている。CFP（日本FP協会認定）、1級ファイナンシャル・プランニング技能士、日本証券アナリスト協会検定会員、行動経済学会会員。著書に『定年前、しなくていい5つのこと』（光文社新書）、『となりの億り人』（朝日新書）、『知らないと損する年金の真実』（ワニブックスPLUS新書）、『あなたが投資で儲からない理由』（日経プレミアシリーズ）、『経済とおかねの超基本1年生』（日経ビジネス人文庫）など多数。

90歳《さい》までに使《つか》い切《き》る

お金《かね》の賢《かしこ》い減《へ》らし方《かた》

2023年3月30日初版1刷発行
2024年8月10日　　12刷発行

著　者 ── 大江英樹
発行者 ── 三宅貴久
装　幀 ── アラン・チャン
印刷所 ── 萩原印刷
製本所 ── ナショナル製本
発行所 ── 株式会社光文社
東京都文京区音羽1-16-6(〒112-8011)
https://www.kobunsha.com/
電　話 ── 編集部03(5395)8289　書籍販売部03(5395)8116
制作部03(5395)8125
メール ── sinsyo@kobunsha.com

　ISBN 978-4-334-04655-2